国家自然科学基金项目"东北地区海港城市与内陆腹地关系演化模式研究"（41201162）

港口与港口城市发展
以东北地区为例

姜丽丽 ◎ 著

科学出版社

北　京

内 容 简 介

在经济全球化发展浪潮下，位于海陆交界处的港口城市具有优越的区位优势。随着城市发展的区域化和区域发展的一体化，港口城市逐渐走向联合与协作。本书聚焦东北地区六大海港和六座港口城市，在城市与区域关系、港口城市与腹地关系的研究基础上，梳理港口与港口城市的发展历程，分析港口城市的空间格局及运行状态，探讨港口城市之间的竞争与合作特点。

本书可作为城市地理学、经济地理学、区域发展与规划等领域高校师生的参考用书，也可供相关领域的科研人员、规划工作者阅读，或为政府部门制定政策提供参考。

图书在版编目（CIP）数据

港口与港口城市发展：以东北地区为例 / 姜丽丽著. —北京：科学出版社，2020.6
　ISBN 978-7-03-065441-0

　Ⅰ.①港⋯ Ⅱ.①姜⋯ Ⅲ.①港口经济-经济发展-研究-东北地区
Ⅳ.①F552.73

中国版本图书馆CIP数据核字（2020）第096606号

责任编辑：石　卉　吴春花 / 责任校对：韩　杨
责任印制：徐晓晨 / 封面设计：有道文化

科 学 出 版 社 出版
北京东黄城根北街 16 号
邮政编码：100717
http://www.sciencep.com
北京建宏印刷有限公司 印刷

科学出版社发行　各地新华书店经销
*
2020 年 6 月第 一 版　　开本：720×1000　B5
2020 年 6 月第一次印刷　　印张：13 3/4
字数：270 000
定价：88.00 元

（如有印装质量问题，我社负责调换）

前　言

　　港口与港口城市的研究是既古老又富有时代性的论题。从世界城市的发展历程来看，当500多年前哥伦布登上美洲大陆的那一刻起，就意味着新海洋时代的到来，从此港口城市的发展空前繁盛。在戈特曼（Gottman）提出的六大都市带中，有三大都市带大部分由密集分布的港口城市组成（美国东北部大都市带、日本太平洋沿岸大都市带、长江三角洲城市密集区），每个大都市带均有重要的门户性港口城市。随着经济全球化和区域一体化发展的逐步深入，对于开放性的国家或区域，大型港口与港口城市作为区域对外联系的窗口和门户，在区域发展中的地位日益重要。

　　本书的研究缘于21世纪初期我国学术界对港口与港城关系的关注。随着区域发展全球化进程的深入，港城关系、港口与腹地关系、港口城市与腹地关系成为城市发展、区域发展等相关研究的热点。2004年，当我进入辽宁师范大学攻读硕士学位时，大连的城市发展历程引起了我的研究兴趣，之后我开始关注大连港及大连的发展，并在导师韩增林教授的指导下，开始研究港城关系和港口城市与腹地关系。当时，我的研究视野主要集中在辽宁省域内和环渤海地区。2007年，我进入东北师范大学开始博士阶段的学习与研究，结合城市与区域规划的理论和方法延续对港口城市的研究，此时研究视野扩大至东北地区，关注港口城市与东北地区的关系、港口城市之间竞合关系及整合发展。

　　鉴于东北地区港航运输的发展现状，承载大规模区际客货流航运的港口为位于辽宁省沿海地区的大连港、营口港、丹东港、锦州港、葫芦岛港和盘锦港，其余内河港通航里程短、货物吞吐量小，不具有区际意义。因此，本书的研究主要以上述六大海港及海港所依托的港口城市为对象，研究内容体现在以下七个方面：第一，从理论角度研究港城关系、城市与区域关系的基本原理，进一步研究港口城市与腹地关系的特征与模式；第二，港口发展的一般规律及发展趋势；第三，东北地区各类港口的发展进程及典型港口的发展特点；第四，东北地区六座港口城市的发展进程及发展机理；第五，东北地区六座港口城市的空间关联、规模分布、职能构成、城市化水平等空间格局状态，以及六座港口城市与经济腹地的区域相互作用关系；第六，在港口城市一体化发展视角下，东北地区六座港口城市的竞合关系；第七，在"一带一路"倡议和东北老工业基地再振兴的区域发展背景下，东北地区港口城市的发展机遇。

在本书撰写过程中，辽宁师范大学地理科学学院、辽宁师范大学海洋经济与可持续发展研究中心、东北师范大学地理科学学院、哈尔滨师范大学地理科学学院的诸多老师和研究生给予了无私的指导与帮助，在此表示衷心的感谢。

姜丽丽

2020 年 1 月

目　录

第一章　港口与港口城市

第一节　概念解读与相关理论

一、概念解读

（一）港口

1. 港口的概念

在西方，"港口"一词来源于法语，原意为"门"，是指水路与陆路运输的交叉点与门户。在我国，"港"的字面意思为水和陆（巷）。水本身流通，具有连接性，巷是指陆上的通道，因此港是指连接水和陆的地方。《中华人民共和国港口法》提出，港口是指具有船舶进出、停泊、靠泊，旅客上下，货物装卸、驳运、储存等功能，且有相应的码头设施，由一定范围的水域和陆域组成的区域。港口可以由一个或者多个港区组成。通常，港口由港口水域和港口陆域两部分组成。其中，港口水域包括航道、锚地、港池、防波堤、导航助航标志等；港口陆域用于构筑码头、设置装卸机械、布置库场，以及港区集疏运交通设施、管理及服务设施等。

在海洋经济时代，港口不仅是服务于区域经济发展的基础设施，还是在全球范围内配置资源的枢纽以及经济活动的集聚地，这种双重属性体现了港口在世界全球化背景下的区位优势。由此出现了"陆港"（又称干港、无水港等）的概念，这类港口设在内陆经济中心城市，通过铁路、公路形成的集疏运运输网络，直接与海港相连，具有集装箱港口装卸船以外的一切功能，是与海港一样接收和发送集装箱的内陆场站（陈月英等，2017）。

2. 港口的分类

从不同的角度，可以对港口进行不同的分类。按照港口所处的自然地理位置，可将港口分为海港（又称海岸港）、河口港、内河港（包括湖港）。其中，海港是沿海海岸港口的统称，按照海岸形态表现为内湾型、外湾型、狭湾型、岛型和平直型；河口港位于江河入海口处或受潮汐影响的近口河段；内河港是指位于天然河流、人工运河、湖泊沿岸的港口（科研成果汇编组，1985；于少强，2017）。按照港口用途及功能特点，可将港口分为商港、工业港、渔港、军港和避风港（陈月英等，2017），而通常用于民用的港口往往具有多种用途。另外，随着海洋运输的繁荣以及集装箱化的兴起，还可将港口分为干线港、支线港和地区性港。其中，干线港是指世界性大型枢纽港，多为国际集装箱运输干线班轮挂靠港，往往具有国际地位；相比干线港，支线港国际集装箱运输干线班轮挂靠少；地区性港是指国内或者更小区域的船舶运输港口。

（二）港口城市

1. 城市的概念及内涵

城市地理学界普遍认为：城市是具有一定人口规模，并以非农业人口为主的居民集聚地，是聚落的一种特殊形态（许学强等，2009）。

作为人类聚居的一种形式，城市是社会生产力发展到一定阶段的产物。在原始社会漫长的岁月中，人类采取依附于自然条件的分散化的居住形式。随着人类社会的第一次劳动大分工，农业和畜牧业分离，居民点开始形成。随着人类社会的第二次劳动大分工，手工业、商业从农业中分离出来，原来的居民点分化为以农业为主的农村以及具有商业和手工业职能的城市，城市在这一时期形成。之后，在漫长的古代城市发展时期，城市的主要职能是防御与交易，即主要是一个国家或者区域的政治军事中心和商品交换的场所。对于广大的居民来说，城市的居住功能并不突出。工业革命推动了城市的巨大变化，城市发展进入近代城市发展时期，城市的职能除了其固有的政治职能之外，突出表现为经济职能，主要为对物质的生产与流通。进入后工业社会，城市中的这种以物质为主的生产与流通逐渐外溢与转移，取而代之的是技术、信息、文化等知识和意识形态的生产与流通。在全球化和信息化时代背景下，无论是物质的生产与转移，还是信息的生产与流通，现代城市的发展要求高度开放、便捷的物质及信息流通条件，而处于海陆临界点位置的港口城市无疑是现代城市发展的优势地域。对外，港口城市是区域与世界各种物质与信息联系的平台与中转点，是最容易接受新事物的城市；对内，大量的经济要素在港口城市汇集与中转，使其成为区域中最容易产生创新的城市。

按照不同的划分依据与划分方法，可将城市类型划分为多种。例如，按城市所在区域地形地貌条件可将我国城市分为滨海城市、三角洲平原城市、山前洪积冲积平原城市、平原与低山丘陵相邻接城市、低山丘陵河谷城市、平原中腹城市、高平原城市、高原山间盆地和谷地城市、中山谷地城市、高山谷地城市 10 类（周一星，1995）；按城市行政级别可将我国城市分为直辖市、地级市、县级市（县）、建制镇；按城市规模等级标准[①]，以城区常住人口为统计口径，可将城市划分为五类七档：超大城市（城区常住人口在 1000 万人以上）、特大城市（城区常住人口在 500 万～1000 万人）、Ⅰ型大城市（城区常住人口在 300 万～500 万人）、Ⅱ型大城市（城区常住人口在 100 万～300 万人）、中等城市（城区常住人口在 50 万～100 万人）、Ⅰ型小城市（城区常住人口在 20 万～50 万人）、Ⅱ型小城市（城区常住人口在 20 万人以下）；按城市基本职能可将我国城市分为行政中心城市、综合交通枢纽城市、部门交通性城市、口岸城市、重型工业城市、轻型工业城市、贸易中心城市、旅游城市等（顾朝林等，1999）（表 1-1）。

---

① 国务院关于调整城市规模划分标准的通知(国发〔2014〕51 号)[EB/OL]. http://www.gov.cn/zhengce/content/2014-11/20/content_9225.htm[2019-05-20].

表 1-1 中国城市基本职能类型

地域主导作用	城市基本职能类型	
以行政职能为主的综合性城市	行政中心城市	全国性中心城市
		区域性中心城市
		地方性中心城市
以交通职能为主的城市	综合交通枢纽城市	水陆空综合运输枢纽城市
		水陆运输枢纽城市
		陆空运输枢纽城市
	部门交通性城市	铁路枢纽城市
		港口城市
	口岸城市	水运口岸城市
		空运口岸城市
		陆运口岸城市
以工业职能为主的城市	重型工业城市	煤矿城市
		石油工业城市
		冶金工业城市
		电力工业城市
		化学工业城市
		建材工业城市
	轻型工业城市	机械（含电子）工业城市
		食品工业城市
		纺织工业城市
		森林工业城市
		皮革工业城市
		造纸工业城市
		其他类型轻工业城市
以流通职能为主的城市	贸易中心城市	地方贸易中心城市
		对外贸易中心城市
	旅游城市	

资料来源：顾朝林等（1999）

2. 港口城市的概念及内涵

对于港口城市这一概念的界定，不同历史背景、不同专业背景的专家和学者的理解有所不同。例如，郑弘毅（1991）认为，港口城市是指地处沿海、沿江、沿河（或江海、河海之交）的港口，在对外交通运输中有重要作用的城市。许开瑞（1997）认为，港口城市是以优良港口为窗口，以一定的腹地为依托，以比较发达的港口经济为主导，连接陆地文明和海洋文明的城市。钟昌标和陈钧浩（2008）认为，海港城市是位于沿海，依托港口发展起来的一种特殊类型的城市，是港口和城市的有机结合，是陆地经济和海洋经济的有机结合，是国际贸易分工的发展和海上交通运输技术进步共同推动港-城功能的逐步融合而最终形成的一种城市类型。

综上所述，港口城市是从城市所处地理位置和城市职能角度划分的一种特殊的城市类型，具有港口和城市的双重科学内涵，是港口和城市的有机结合体。港口城市是以港口作为窗口和平台，以一定的海陆双向腹地为依托，以比较发达的港口经济为特色，以外向型经济为主导的区域节点型城市。港口城市的概念包含以下四个方面的内涵：

（1）从城市规模的角度，港口城市可以是我国城市规模等级分类中任何级别的城市，如超大城市上海、香港；大城市大连、青岛；中等城市营口；小城市庄河、东港等。一般而言，城市规模越小，港口在城市中的地位越突出，城市作为港口城市的职能特征越显著；随着城市规模的增大，城市的综合性功能增强，城市发展也更多元化，港口主要表现为城市的一项重要设施而非城市发展的主要职能载体或主导城市发展的核心。

（2）从城市职能的角度，港口城市的职能具有两重性，即港口职能与区域中心职能。其中，港口职能是港口城市的特征性职能，港口作为城市的组成部分，将其本身对腹地的影响作用赋予了城市，于是城市在区域中表现出港口职能特征，这种特征的表现程度由港口与城市的关系决定。作为区域的中心地，港口城市的一般性职能是区域中心职能，其通过组织经济活动要素的集聚与扩散构造区域发展框架并带动区域发展。

（3）从经济学的角度，并非有港口的城市就一定是港口城市，港口城市并不是港口和城市的简单相加。港口所处的区位优势决定了城市的形成和出现。城市作为港口区域功能发挥的载体，本身只有同港口的功能之间实现有效的关联与互动，达到港与城相互促进发展（以港兴城，港为城用，港以城兴，港城相长，衰荣共济），才能成为港口城市（赵金涛，2001）。同时，围绕港口活动形成的港口经济是港口城市区别于一般城市经济形式的典型表现，以港口经济为核心的强烈的外向型经济发展模式，在某种程度上决定了港口城市的发展水平和发展规模。

（4）从区位特点的角度，港口城市凭借其海-陆界面区位，具有海洋和陆地两个扇面的双向腹地，腹地范围的大小及对腹地经济影响的深度与广度，往往取决于港口的条件和能力。这使得拥有优良港口的港口城市成为腹地对外联系，尤其是海向联系的窗口和平台。

在我国，由于严格的行政区划约束以及港口管理的特殊性，真正意义上的港口城市更多地表现为行政级别较高的城市。例如，虽然丹东的核心与主要作业港口（大东港）位于其所属县级市东港市，但是港口在行政管理上隶属丹东港集团，因此称丹东为港口城市。另外，在全球化趋势下，多区港的联动发展成为港口城市发展的趋势性模式，以城市开发区、港口为联动载体，通过开发区与港口的特殊经济带动和辐射作用，借助区区联动、区港联动、港港联动等方式，加强区域经济合作，提高区域经济效率。多区港联动发展，通过点对点联动带动区域之间面与面的联动，增强了港口城市的区域中心地位，促进了区域经济一体化进程（阎兆万等，2008）。

3. 港口城市的特征

城市一般具有中心性、集约性、自组织性、系统性、开放性等特征，港口城市作为城市的一种特殊类型，其特征既体现了城市的共性，又具有一定的特征性，具体表现为以下六个方面。

（1）港口和城市在形成与发展中，有着密切的依存性与关联性。港城关系是港口城市发展的主线，是港口城市发展演进的核心机制，贯穿于港口城市发展成长的整个过程。一方面，港口作为城市系统的组成部分，是城市活动的参与者，影响着城市经济、社会发展、城市形态的演变；另一方面，城市也为港口的发展提供了发展要素与服务支撑。

（2）交通枢纽职能在城市职能构成中占有重要地位。基于港口的对外交通枢纽职能在城市诸职能中占有重要地位，如物资集散、海运基地和外贸口岸等。其中，外贸口岸（通商口岸或者商埠）是港口城市最大的特色。在新的历史发展时期，外贸口岸这一职能已不仅仅是单纯的经济贸易往来（即通商），还有政治、科技、信息、文化、知识、旅游等方面的往来，内容更加多元化。

（3）以港口为核心的发达的交通运输条件。从国内外港口城市的发展现状来看，城市物流在港口吞吐量中所占的比重一般都较高，城市本身对港口条件依赖较大。港口作为综合运输网络的结合部，可带动港口城市中各种运输方式和其他相关产业的发展，如水运、陆运、仓储业、代理业等，而这些第三产业的发展同时也使城市产业结构呈现出港口城市的特点。

（4）临海与临港性的产业结构。依赖海洋资源、水域条件、港航条件发展起来的工业，在城市工业结构中占有一定的比重。例如，发展临海工业，实现港口工业化。港口工业化是指在港口或港口区域建设大量工厂，利用港航运输的有利条件，从海外或内陆腹地运来原材料、初级产品进行加工，然后再出口或运往国内各地市场，或直接为港口生产建设服务。

（5）突出的外向型经济发展模式。许多港口城市基于港口的中转运输功能，发展"两头在外"（原料主要来自港口城市以外，产品主要销往港口城市以外）的外向型产业发展模式，如依托港口设立出口加工区、保税区。另外，由于具有面向世界市场的经济地理区位，港口城市出口导向的外向型经济特点显著。

（6）区域门户、节点与中心的区域城市体系地位。在全球化时代与海洋时代背景下，港口城市作为海陆的临界点，是内陆走向世界的平台与窗口，其本身具有国内国外双向经济腹地，既是区域内的节点城市，又是区域与世界联系的中心城市。

4. 港口城市的分类

依据港口的类型划分（海港、河口港、内河港），可将港口城市分为海港城市、河口港城市和内河港城市。其中，凡位于海港的城市和位于入海河口或受潮汐影响的近口河段，拥有以停靠海轮为主的河口港的城市，均属海港城市（科研成果汇编组，1985）。另外，河口港和内河港受河口水流流速减缓、潮汐的顶托作用和波浪等的影响，水运航道易于淤积和堵塞，在世界航运船舶不断向大型化、深水化方向发展的背景下，河口港和内河港的航道及港池水深日益无法满足航运要求，港口或衰退或向海岸迁移。同时，依托港口的经济活动也随之迁移，港口城市职能衰退或者向海港城市转变，是大多数河口港城市和内河港城市发展的趋势。例如，上海向金山推移，天津向塘沽推移，广州向深圳、珠海推移，宁波向镇海、北仑推移，营口向鲅鱼圈推移，丹东向东港推移等，都正遵循着这一发展进程（杨金森等，1990）。

从区域城市体系视角，结合城市区域职能与地位，可将港口城市分为三个层次。

（1）区域中心城市：表现为一个地区首位度最高的城市，往往是区域的极化与扩散中心。例如，上海是长江三角洲地区的中心城市，广州是珠江三角洲地区的中心城市。

（2）区域门户城市：区域对外联系的主要海上通道，区域功能显著，同时城市综合实力很强。例如，大连是辽中南地区的门户城市，也是辽宁次首位城市，城市的区域门户效应显著。

（3）区域节点城市：城市作为区域城市体系的节点，但其港口的区域效应不强。例如，辽宁丹东。

5. 相关概念

与"港口城市"这一概念最易混淆的是"沿海城市"。

一般认为，沿海城市是海岸带地区人口、产业的集中地，是我国对外开放的窗口和开发海洋的后勤基地。按所处的地理位置，可将沿海城市分为沿海河口港城市、海港口城市、不占用岸线的城市。可以从以下两个方面区分沿海城市和港口城市：一是从城市分类的角度，按城市所处的地理背景区域可以分为内陆城市和沿海城市，这一概念更强调城市的滨水性，即凡是具有海岸线的城市均可视为沿海城市；二是从城市职能特点的角度，沿海城市的职能构成更为宽泛，港口城市属于沿海城市范畴，但是某些沿海城市并不具备港口城市的功能与区域职能。

（三）港口城市地带

1. 港口城市地带界定及内涵

城市地带又称城市带，是指由城市组成的具有群体性质的地带性区域，属城市群体范畴。城市不是一个孤立的、封闭的系统，其与临近的区域和城镇具有密切的联系。因此可以说，每一个城市都是区域城市群体的一个重要组成部分，其中以大城市为核心形成的城市与城市之间的关系和城市与区域之间的关系，构成了区域城市群有机整体。从系统的角度来看，这种城市与区域密切联系的城市群体可视为城市分布区域系统。由此，在一定区域中，城市与城市之间、城市与区域之间都存在相互作用和相互制约的特定功能，它们结合在一起形成有机整体（姚士谋等，2006）。城市地带作为区域城市群体，是一个由经济、社会等要素在城市与城市之间、城市与区域之间流动形成的有机整体，是一个大的城市分布区域系统。

对于城市群体的界定，不同的学科有不同的理解。例如，城市地理学家多使用"都市连绵区"、"城镇密集地带"、"城市带"、"城市群"、"城市组群"和"城市群组"等概念；城市规划学家多使用"城镇高度密集地区"概念；经济学家与地理学家多使用"城市化地区"的城市分布概念；社会学家多使用"都市社群网"的人际关系概念；经济地理学家多使用"城市空间分布"的网络节点概念；城市生态学家多使用"城市化生态地区"的概念等（姚士谋等，2006）。其中，在城市地理学领域，根据城市群体的发展演进阶段，对城市群体有不同的阶段性界定。例如，在集聚与扩散的动力机制作用下，中心城市的规模不断扩大，并且与周围城镇的联系不断加强，地域上表现为单体城市地域空间和功能空间的外延以及区域城镇体系的形成与一体化发展。从总体上来看，城市群体地域形成发展的过程与阶段可归纳为城市—都市区—都市圈—城市组群—城市群—都市连绵区，由单体城市到都市连绵区的变化过程表现为地域面积的扩大、城市功能的分化与整合、地域运行的一体化等。

其中，都市区是指由一定规模以上的中心城市及与其保持密切社会经济联系、非农活动发达的外围地区共同组成的具有城乡一体化倾向的城市功能地域

（刘荣增，2003），其涵盖的空间范围较小，往往是高等级城市群体的核心构成单元。都市圈是一组相互关联、相互依赖的城市群落，其发展源于城市功能的向外扩散，以及解决大城市人口过于集中、交通拥挤、生态环境恶化、失业人口增加等"城市病"的现实需求（李廉水和 Stough，2006），强调城市与其近域地区产业上的关联，尤其是围绕城市生产功能的经济要素的密集流动与资源整合。城市组群是指在特定地域范围内，具有一定数量的、规模不等的、等级不同的、性质和类型可能相异或相似的城市的组合（王士君等，2008），是都市圈向城市群演化的中间形态。城市群是指在特定的地域范围内，具有相当数量的不同性质、类型和等级规模的城市，依托一定的自然环境条件，以一个或两个超大城市或特大城市作为地区经济的核心，借助现代化的交通工具和综合运输网的通达性，以及高度发达的信息网络，发生与发展着城市个体之间的内在联系，共同构成一个相对完整的城市"集合体"（姚士谋等，2006）。都市连绵区，又称大都市带，是指以若干城市区域的空间组合的多极城市形式出现的特殊城市化空间概念。"大都市带"这一概念起源于戈特曼的城市带理论，在国外的相关研究中使用较为广泛。我国则较多地使用"都市连绵区"这一概念，其最初由我国著名地理学家周一星提出。都市连绵区是城市群体演进的高级形态，地域空间范围最大，往往是一个国家的经济走廊。城市群体地域演进阶段特征见表1-2。

表1-2　城市群体地域演进阶段特征

项目	城市	都市区	都市圈	城市群	都市连绵区
阶段	雏形阶段	初级阶段	中期阶段	成熟阶段	顶级阶段
影响范围	市内意义	市际意义	市际意义	大区及国家意义	国家及国际意义
空间组成	1个城市	1个城市及其毗邻地区	1个城市及其周边地区	3个以上城市或3个以上都市圈	2个以上城市群
地域结构	单核心结构	单核心圈层结构	单核心放射状圈层结构	单核心或多核心轴带-圈层网络结构	多核心星云状高度交织的网络结构
经济联系	城市之间很弱	城市之间较弱	城市之间开始互补联系	城市或都市圈之间互补性较强	城市群或都市圈之间互补性更强
中心功能	城市增长中心	城市增长中心	区域增长中心	国家增长中心	国际增长中心

资料来源：方创琳（2009）

注：城市组群是都市圈向城市群演化的中间形态，也可视为城市群的不成熟形态

由以上分析可知，城市地带在本质上为城市群体地域，在地理空间上表现为带状的空间形态。由此，港口城市地带的基本概念为：在沿海地域范围内，连续的呈带状分布的不同规模的港口城市，依托一定的自然环境条件和区位条件，具有高度发达的外向型经济，借助综合交通运输网络，各港口城市在相互竞合过程中形成的相对完整的、具有一体化发展态势的城市群体。

与一般城市群体相比，港口城市地带体现为同种类型城市的城市群组特征（王士君等，2008），具体来看，港口城市地带具有以下七个方面的特征。

1）发育不成熟的特征

按城市群体演进的阶段特点，港口城市地带可视为处于由城市、都市区或都市圈向成熟的城市群或都市连绵区演进的城市组群阶段。城市之间关系松散，分工与协作性差，结构不清晰，区域整体尚未形成系统化运行的统一体。但各城市在相互竞合过程中已具有一定的整合基础，并形成了明显的一体化发展态势。

2）形成发展过程中的动态特征

港口城市地带的形成发展过程具有动态变化的特征，即地带内各港口城市，其规模、职能、空间结构、空间形态等都处于不断变化的过程中。除了具有一般城市群体演变的一般动态特征之外，基于港口与城市耦合机制下的港口城市性质与职能的演变，是港口城市地带形成发展过程中的突出特征。例如，从区域整体角度来看，随着港口的衰荣，港口城市在港口城市地带和腹地区域中的地位呈上升和下降趋势；从城市单体角度来看，随着世界海洋运输船舶大型化、深水化，河口港逐渐向外海迁移，港口城市逐渐由河口港城市向海港城市转变。

3）区域中心地系统的空间网络结构特征

港口城市地带作为一个整体，其内部结构表现为以各等级城镇（中心地）为节点，以各种流为连线的广泛的空间网络结构，反映在地带内各等级中心地规模的大小、职能地位、网络的密度、网络的联系水平以及中心地之间组合、嵌套形式等方面。与一般的城市群体相似，这一空间网络结构具有三个基本特征：网络的大小、网络的密度、网络的组合形式。

4）区域内外的连接性特征

城市的形成与发展根植于区域，成长于区域系统背景之下。港口城市作为个体要素，与地带内其他要素发生着或紧或松的相互联系。一方面，城市中心与周边地域的联系越来越紧密，城市不断扩张，体现为城市化过程；另一方面，港口城市与其他城市产生联系，以点连线，以线带面，体现为区域一体化过程。另外，港口城市由于其特殊的门户区位，是内陆与世界的结节点，把内陆带向世界，又把世界迎进内陆，在我国融入世界经济全球化的进程中，港口城市无疑是这一进程的"红娘"。同样，港口城市地带作为国外与国内融合的交叉地域，联系着世界经济与内陆经济，成为我国广大内陆地区走向世界的桥梁与纽带。

5）开放性和外向性特征

一方面，随着技术的发展，尤其是交通运输手段的改进，城市作为区域的中心地逐渐由一个相对封闭的系统转变为开放性的系统，以各级城市为节点与活动主体的区域同样具有这一开放性特征。地域上表现为由于区域差异的存在，区域的发展需要依赖其他区域的资源与服务，同时也会为其他区域提供资源与服务。另一方面，随着全球生产方式的变革以及经济的全球化，在海洋经济时代下，港口面向世界的区位条件赋予了其所依托的港口城市与世界直接对话的区位优势。基于此，港口城市地带凭借发达的水陆交通运输网络和国内、国外双向经济腹地的支撑，区域发展具有显著的经济外向性特征。

6）显著的竞争性特征

与一般城市群体相似，港口城市地带的城市之间存在相互吸引集聚和扩散辐射的特征。例如，首位城市起着核心作用，具有显著的区域集聚与辐射功能，各城市（非首位城市）相应地具有其城市腹地范围之内的集聚与辐射功能。港口作为一项重要的交通设施，其吞吐量的大小与港航相关产业的效益显著相关，于是在利益驱使下区域内各港口货物吞吐竞争激烈。对于港口城市而言，港口将其职能赋予了其所依托的港口城市，因此港口城市地带中各港口城市之间的竞争往往大于合作，尤其是在港口城市地带形成初期，由于港口之间激烈的竞争，各港口城市之间难以形成相互作用关系。随着社会生产力的进一步发展，为追求区域整体利益和区际利益，港口城市地带内部城市之间的协作会越来越明显，各港口城市逐渐走向整合与融合。

7）产业结构的独特性特征

与一般城市群体的产业构成不同，临港产业是港口城市地带产业构成的重点。这里所指的临港产业内涵广泛，既有与港口货运直接相关的港口运输作业、依托港口运输的进出口加工业、修造船业、涉港服务业等，又有与港口货运间接相关的信息产业、文化产业、对内对外贸易及贸易服务产业等，这些产业依托由港口形成的国外和国内双向腹地的市场、信息、资源、资本等逐渐发展壮大，外向性特征显著。

2. 相关概念

许多学者曾提出沿海经济带、沿海城市带等相关概念。

与港口城市地带不同，沿海经济带和沿海城市带更突出研究对象的滨海性，多从海岸带的角度设定和考察研究对象。现代地理学认为，海岸带是陆地与海洋衔接并相互作用的地区，包括海陆交界的海域和陆域。按照我国1980～1986年海岸带和海涂资源综合调查所规定的范围，海岸带是指从海岸线算起，向陆域延伸10公里，向海域延伸至10～15米等深线的区域。但在社会经济调查统计中，我国海岸带陆域一侧，是以沿海占有海岸线的县级行政单位或市的市区，作为海岸带的陆域范围（杨金森等，1990）。沿海经济带多侧重产业角度，地带划分多以海洋经济的发展为标准，往往不以行政区划为基础；沿海城市带多侧重城市的滨海性，地带划分以城市行政区划为标准，每个城市均有一定长度的海岸线，海洋产业地位突出。

港口城市地带概念的界定较为严格，具有显著的区域职能特征。一方面，港口城市地带中的城市拥有区域意义的生产性港口，且港口在城市的发展演进过程中具有突出的意义；另一方面，港口城市地带中的城市除具有一般区域中心城市的区域职能与区域地位以外，还具有港口口岸的职能，外向型经济特征突出。总体上看，港口城市地带的形成与发展深受港口条件这一主导因素影响，其区域职能特征具有显著的外向性（图1-1）。

图1-1　港口城市地带相关概念关系

二、相关理论

城市地理学对城市群体的研究常着眼于两个方面：一是城市群体内部城市个体的研究，城市作为构造城市群体框架的中心节点，以其强烈的极化-扩散作用带动区域的发展，是区域运行的主体与发动机；二是城市群体整体角度的研究，城市群体通过各类网络与各级节点形成有机的自组织运行体。鉴于城市群体的研究特点和港口城市的特征，对于港口城市群体的研究，区位理论与新贸易理论的结合与互补是港口城市相关研究的基本指引，中心地理论与系统理论是港口城市群体地域发展的基本理论指导。

（一）区位理论

"区位"一词来源于德语"standort"，英文为"location"，意为人类活动（人类行为）所占有的场所（李小建，1999）。城市作为人类活动的中心地域，其区位属性既体现相对于自然地物的地理位置，即自然地理区位，又体现城市在区域背景中的地位、重要性等，即经济地理区位，区位具有相对性和动态性。区位理论是关于区位，即人类活动所占有的场所的理论，研究人类活动的空间选择及空间内人类活动的组合，探索人类活动的一般空间法则（李小建，1999）。

区位理论的产生源于对产业空间的选择与布局的思考，其理论萌芽始于18世纪中后叶，欧洲学者通过分析生产资料、劳动力、运输费用等与工厂、产业等选址的关系，从不同侧面对区位问题进行了探讨。区位理论的系统研究始于德国农业经济学家杜能（1986）的农业区位论思想和德国经济学家韦伯

（1997）的工业区位论思想。其中，杜能的农业区位论孤立化的研究方法（演绎法）为韦伯等其他学者区位理论的研究带来了很大的影响与启发，并首次从理论上系统阐明了空间摩擦对人类经济活动的影响，以此奠定了区位理论的研究核心——土地利用一般理论的基础。韦伯的工业区位论的提出是在产业革命之后近代工业大发展之时，此时产业与人口向大城市的迅速集中是显著的时代特征。如今，在我国这样的快速发展中国家这一特征仍然显著，韦伯提出的最小费用区位原则，深入影响着发展中国家经济活动区位选择相关研究。由此，区位理论经过各国、各研究领域众多学者的传承、改进与创新，由宏观研究到微观研究，由注重客观要素影响到关注主观因素作用，由注重理论探讨到注重实际应用，逐渐形成了涉及多学科、多领域、多方向的理论体系（图 1-2）。

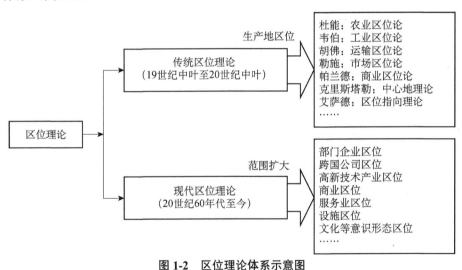

图 1-2　区位理论体系示意图

　　针对港口城市的专门性区位理论研究始于德国学者考茨（Kautz）的海港区位相关研究。考茨基于韦伯工业区位论的理论基础，以"总体费用最小原则"判断港口选址，指出港口区位因子体系由运输费用、劳动力费用和资本投入三种因素构成。其中，运输费用决定海港区位的基本方向，劳动力费用和资本投入对由运输费用决定的港口区位进行修正，最终得到最优区位，由此形成的海港区位理论主要内容包括：①指向海上距离最短的位置；②指向建港投资最小的地点；③指向连接海港的廉价运输的腹地（董洁霜和范炳全，2006）。考茨尤其强调腹地条件对港口区位的决定性作用（郎宇和黎鹏，2005）。此外，许多交通运输区位、产业区位等相关研究成果，对港口和港口城市的发展同样具有重要的理论指导意义。例如，美国经济学家胡佛（Hoover，1948）在广泛研究工业区位的各种问题之后，提出了运输区位论。其中，在对运费结构的研究中指出，运费会随着运输距离的增加而增加，但是每公里的平均运费与距离的增加不是按比例增加，而是呈递减趋势；在对运输方式与运费关系的研究中指出，由于运输方式的不同，单位重量的货物每单位距离的运费也不同，通过分析站场作业费与线路运输费在运费结构中的关系，得出一般情况下公路适于短途运输，水路适于远距离高载重运输，铁路适于中长途运输。胡佛的运输区位论为港口的开发建设与海洋运输业的发展提供了理论依据，其中集装箱运输、零仓储运输减少了倒运、装卸、仓储等作业费用，大大节约了总运费，体现了胡佛运输区位论的思想（李小建，1999；白光润，2009）。

（二）新贸易理论

传统的贸易理论包括斯密（Smith）的绝对成本论、李嘉图（Ricardo）的相对成本学说，以及赫克歇尔（Heckscher）和俄林（Ohlin）的资源禀赋学说等。基于国家间的差异，尤其是生产要素的相对差异来理解贸易，意味着国家间的相似性与贸易量之间具有相反的关系。而事实上，第二次世界大战以来，如经济合作与发展组织（Organization for Economic Cooperation and Development，OECD）中大量的贸易是发生在生产要素禀赋相似的国家之间，且这种贸易比重还在不断上升。基于此，以美国经济学家克鲁格曼（Krugman）为代表的一批学者基于第二次世界大战后出现的这种国际贸易现象，利用区位理论和区位均衡思想革新了传统贸易理论，形成了新的分工与贸易理论，称为新贸易理论。新贸易理论认为，国家之间的贸易，尤其是相似国家同类产品的贸易，代表了这些国家根据规模收益递增原理而发展专业化的结果，与国家生产要素禀赋差异关系不大；各国产品专业化的形成具有历史偶然性；在不完全竞争和同类产品贸易的条件下，生产要素的需求和报酬状况取决于微观尺度上的生产技术条件；由于不完全竞争和收益递增，国家或者区域通过采取战略性贸易政策，可能会创造竞争优势。通过将新贸易理论与区位理论建立关联，将新贸易理论中的不完全竞争和规模经济现象与区位理论中的运输成本原理相结合，以外部规模经济与运输成本的相互作用为视角，可为经济活动集聚区域的形成赋予新的解释（钟昌标和陈钧浩，2008）。港口作为交通运输载体，是连接国内外、区域内外经济活动的结节点，城市作为区域的中心，是经济活动的集聚地，而港口城市兼具港口与城市的双重内涵，因此新贸易理论是指导港口城市发展的基本理论。

（三）中心地理论

中心地理论属于区位论范畴，被认为是关于城市区位的一种标准化理论，是探索一定地域系统内城市等级规模结构和地域空间结构规律的一种具有代表性的理论学说，被认为是城市地理学科的核心理论。

1933 年，德国地理和经济学家克里斯塔勒（2010）基于对德国南部城市的系统研究提出了著名的中心地理论，这标志着中心地理论的诞生。1940 年，德国经济学家勒施（2010）出版了《区位经济学》一书，在与克里斯塔勒的工作毫无联系的情况下，研究得出与克里斯塔勒中心地理论相同的六边形区位模型（许学强等，2009）。二者均被认为是中心地理论的代表作。

克里斯塔勒运用演绎法，从中心地、中心货物与服务、中心性、服务范围等条件出发，推导在理想地表上的聚落分布模式，探讨决定城镇数量、规模和分布的一般原理。理论核心是著名的中心地系统三原则理论模型（图 1-3）。

（1）在市场原则下，形成 $K=3$ 的中心地系统，即每个较大的中心地市场区包含三个次一级的市场区。

（2）在交通原则下，形成 $K=4$ 的中心地系统，即每个较大的中心地市场区包含四个次一级的市场区。

（3）在行政原则下，形成 $K=7$ 的中心地系统，即每个较大的中心地市场区包含七个次一级的市场区。

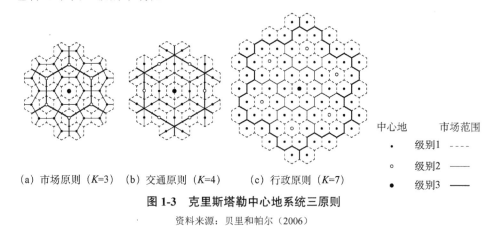

（a）市场原则（$K=3$） （b）交通原则（$K=4$）   （c）行政原则（$K=7$）

图1-3 克里斯塔勒中心地系统三原则

资料来源：贝里和帕尔（2006）

其中，市场原则是基础，交通原则和行政原则可看作在市场原则基础之上形成的中心地系统的理论修正。市场原则适用于市场作用为主导或者市场作用显著的区域，交通原则适用于处于交通大发展时期的区域或新开发开放地区、交通过境地带或中心地呈带状分布的地区，行政原则适用于行政统治严格或相对封闭的地区。由此，在三原则的共同作用下，一个地区或者国家将形成如下城市等级体系：A级城市1个，B级城市2个，C级城市6～12个，D级城市42～54个，E级城市118个（许学强等，2009）。

1940年，勒施从工业区位的选择研究入手，以最大利润原则代替韦伯的最低费用原则，创立了市场区位论，形成区位研究的市场学派。研究指出，单一职能个体的市场区域是圆形市场区域，而全体的市场区域则为蜂窝状的正六边形结构（勒施景观）（李小建，1999），这与克里斯塔勒的中心地理论不谋而合。

（四）系统理论

随着生产力的发展，尤其是交通、通信等手段的演进，城市逐步由相对孤立、封闭的组织体系走向交融、开放的组织体系。城市的发展也由以自身为中心独立发展逐步转向重视区域联系的开放式发展。这一现象的重要理论驱动即系统理论。

20 世纪初期，奥地利理论生物学家贝塔朗菲（1987）将微积分引入生物学研究，从而创立了理论生物学和一般系统论，并于 1968 年出版了一般系统论的经典著作《一般系统论：基础发展和应用》。20 世纪 70 年代，系统论受到学术界的广泛重视，成为西方科学哲学的五大流派之一。

系统论是对整体和整体性进行科学探索的科学理论，是关于整体的一般科学。系统论包括七大基本原理：①整体性原理，在系统中，整体不等于各部分累加的总和，各部分以组合方式形成系统之后出现了新质，新质又产生了新的力量；②开放性原理，系统只有处于不断地与外界进行物质、能量、信息交换的状态，才能具有保持自身动态稳定性的能力；③层次性原理，各要素在系统中的地位和作用不同，系统和要素是相对的，具有等级性和嵌套性；④适应性原理，对于开放的系统，由于外界环境的改变引起系统特性的改变，为保持和恢复系统原有特性，系统内部各要素的相互关系和功能发生适应性变化；⑤协调性原理，在认识和构造系统的过程中，可以将研究对象的活动过程或组成结构分解为若干相互衔接和关联的部分，协调关系或调整结构，从而使系统的功能达到预定的效果；⑥自组织性原理，在开放系统中，由于要素之间协同和竞争的矛盾运动，系统在更大范围内产生协同运动，从而使系统不断走向有序结构；⑦稳定性原理，稳定性是指系统在外界作用下保持和恢复其原有状态和内部结构功能的性质（魏宏森等，1991）。

总体上看，系统理论的核心思想可简单概括为"1+1>2"，即由部分组成系统之后，超过原来的部分之和的力量。其中，系统、集合不是由部分简单相加形成的和，其关键在于由各部分之间的相互作用形成的综合力量。因此，如果不孤立地看待城市，而将城市作为个体置于一定尺度的区域中，那么在这一区域中，由多个城市个体组合在一起并相互作用即组成了一个系统，即城市群体是一个区域系统，而这一系统的力量取决于两个方面，一是各组成个体（城市）的自身实力与水平，二是个体之间的相互作用关系。

第二节　港口与港口城市研究进展与趋势

一、国外港口与港口城市研究进展与趋势

20 世纪 90 年代以来，国际上对港口城市的研究主要集中在港口与城市关系、滨水区发展、港口与腹地关系、港口城市发展与环境关系四个方面（李王鸣，2000）。

（一）港口与城市关系研究

长久以来，港城关系作为港口城市的国际研究主题之一，一直受到不同领域西方学者的广泛关注。20 世纪 70 年代中期以前，港城关系的研究领域主要集中在港城空间联系和港城发展模型研究方面。其中，1934 年德国学者考茨在其著作《海港区位论》中，运用韦伯工业区位论的思想，将港口与其腹地结合起来，研究港口建设的区位选择（杨吾扬和梁进社，1997），这一研究可视为对港城关系研究的较早探讨。1963 年，英国地理学家伯德（Bird，1971）在对英国一系列港口的深入研究中提出了著名的任意港模型（anyport model），揭示了港口在其成长过程中与其所在城市的典型的空间关系，即经历了原始发展阶段—顺岸式港口发展阶段—凸堤码头与挖入式港池发展阶段—港口深水化及港城分离阶段—专业化码头发展阶段—专门化港区阶段六个发展阶段，这一理论模型可视为对港口与城市空间联系研究的经典之作。尽管其研究是针对河口港发展阶段的总结，但这一模型首次提及了港城相互作用问题，并揭示了一般规律，即随着港口设施的新建，港口表现出明显向下游发展的趋势，港口与城市中心区之间的分离也越来越明显。在此之后，许多学者将该模型分别应用于非洲、加纳、澳大利亚等地的港口，并因地制宜对该模型进行了修正。

20 世纪 70 年代末以来，港城关系研究的重点集中在港口工业化研究、滨

水区的改造与再开发等港城关系实体空间的研究，研究方法也趋向于注重量化评价。霍伊尔（Hoyle）等对港口、工业与城市、区域的空间相互作用及其随时间的变化做了深入的研究，其中 Hoyle 等（1981）深入分析了港口城市产业发展与区域经济发展的关系与模式；Hilling 和 Hoyle（1984）从空间角度分析了港口与城市产业及城市发展阶段的关系。霍伊尔等长期关注发达国家及发展中国家的滨水区再开发问题，其中 Hoyle 等（1988）从地理学、经济学、规划学等多角度，着重探讨了滨水区再开发的驱动因素以及再开发过程中存在的矛盾与问题；Hayuth（2007）针对滨水区空间、经济、生态三大系统全面研究了滨水区再开发中的问题与动力机制。近年来，对港城关系的研究日趋实践化并受到区域管理者的重视，如 Gleave（1997）以弗里敦为对象分析了港口对城市空间结构的影响；Suzuki（2003）以日本为对象研究了社会和经济结构的变化对港口陆域开发范围的影响；等等。

（二）滨水区发展研究

港口城市相关研究中的滨水区是指港口与城市的连接地区，也有学者称之为港—城界面地区。20 世纪五六十年代以来，港口城市经历了剧烈、迅猛的变化，其结果产生了港口与城市分离的港城关系。这种分离关系的发展常常导致滨水区进入衰落与无序阶段。一方面，由于港口活动的外迁，老港区不再能满足现代港口发展的需要，从经济利益的角度考虑，决策者便会放弃这些低效空间的部分利益；另一方面，这类地区大量分布着衰退的工业和传统的港口活动，这些经济活动所施行的既定与模式化的产业格局与管理方式，使滨水区难以与现代城市自组织系统相融合。于是，随着港口城市快速发展和港口城市的外迁，滨水区逐渐衰败，这种滨水区土地废弃现象在北美洲、欧洲最为常见。

因此，针对如何对待老港区和处理老港区土地冗赘的问题，学术界掀起了一股对滨水区再开发的热潮，并迅速扩展到世界各地。滨水区再开发成为城市规划与城市发展中的重大事件，其时代意义可与 20 世纪 50 年代的高速公路建设和 60 年代的新城运动相媲美（Hall，1991）。Pinder 等（1998）曾指出，港城连接地区的复兴成为 20 世纪末城市港口规划系统面临的主要挑战。其中，最具代表性的人物就是霍伊尔，他曾详细描述了滨水区再生现象的全球推广过程（Hoyle，2000），并广泛关注了发达地区及发展中地区滨水区的改造。此外，Pinder（1981）以鹿特丹为实例讨论了滨水区再生过程涉及的各行为者群体；Gordon（1997）研究了管理者的配置、居民与地方政府关系对滨水区再生的影响；Tunbridge 和 Ashworth（1992）、Charlie（1992）、Mayer（1999）分别从不同角度研究了滨水区再开发的方式等。

（三）港口与腹地关系研究

港口与腹地之间关系的研究在国外开展较早，是一个极富实践意义和政策意义的话题。在 1995 年举行的港口与城市第五次国际会议（Fifth International Conference on Cities and Ports）上，港口与腹地关系曾作为一个热点议题展开深入探讨（翁清光和陈培健，2009）。

腹地的存在与变化体现了港口与城市、区域之间的相互依存关系。早期，研究学者分析了许多影响腹地开发的因素，包括自然条件的限制和政治上的障碍，汇集了大量的实证例子证明港口与其腹地之间存在互相依存的关系。考茨将港口与腹地结合，以总体费用最小原则求出港口选址的最优区位，创立了以港口与腹地关系为基础的海港区位理论（杨吾扬和梁进社，1997）。20 世纪五六十年代，Patton（1958）、Morgan（1958）、Mayer（1957）、Welgend（1958）在相关研究中认识到在港口活动形成发展过程中腹地的作用和重要性，其中港口之间的竞争与发展是港口进入腹地市场扩大自己影响范围的结果，港口的发展也是腹地区域经济增长的重要因素，往往是国家和区域的政策重心。70 年代以后，学者对港口与腹地相互依存的关系有了进一步的认识，如 Kenyon（1970）、Mayer（1978）从交通线路、劳动力费用、空间可达性、土地利用等多个侧面，研究了相关港口之间的腹地竞争、港口与腹地联系方式及模式等方面的内容。研究显示，港口与腹地的关系日趋复杂，并呈现多样化的趋势。另外，Taaffe 和 Gould（1963）、Rimmer（1967）、Vance（1970）从历史演进的角度，研究并提出了港口与腹地区域相互关系的空间演化模式，在港口与腹地的相互作用过程中，腹地区域经历了几个扩张阶段，每一个阶段不仅反映了港口之间增长的差异，还反映了各个阶段中港口与内陆腹地联系的扩大和联系网的建立。

（四）港口城市发展与环境关系研究

与其他类型的城市相比，港口城市面临的环境挑战是：既要满足与一般城市一样的日常环境问题压力，又要处理港口城市特有的环境问题，如港口运输和操作引起的灾害防治、海洋水环境及海洋生物种群保护、滨水区土地使用中生产用地与生活用地矛盾的协调等。

近年来，世界上许多港口城市致力于环境政策的研究，探索港口开发建设与环境保护之间的平衡维系。在港口开发建设方面，主要探讨如何改善港口周边环境，包括码头工作环境、港区生产环境、安全规范、人员培训等，尤其是对居住产生不良影响的港口活动以及污染物处理的方法与政策等（Miguet，1993）。具有标志性意义的是 1972 年美国《海岸带管理法》的颁布，该法案以可持续发展理论为基础，从政府行为角度，将港口、城市发展与环境之间的决策和管理上升到法律层次。

二、我国港口与港口城市研究进展与趋势

我国对港口城市的广泛研究开始于改革开放后。改革开放前，对港口城市的研究多从历史地理角度，研究港口与港口城市的变迁与演进。例如，黄盛璋（1951）系统研究了我国港口城市 2000 多年来的发展历程，分阶段分析了我国港口城市的空间布局特点、发展机理等，并预测了未来我国港口城市的发展态势，极具时代价值。改革开放后，随着国家对港口与港口城市的重视，港口城市进入了全新的快速发展时期，对港口城市的相关研究日益丰富。从港口城市的研究内容来看，主要集中在三个方面。

（一）港城关系的研究

港城关系一直是我国港口城市研究的重点与核心，主要涉及港城关系机

理、港城互动等方面。吴传钧和高小真（1989）研究了我国北方多个港口城市，从动力机制角度分析了港口城市的港城关系及其规律，得出有关港口城市成长模式的一般性规律。郑弘毅（1991）以港口城市规划为视角，从港址选择、产业布局、港口城市体系构建等方面对港城关系进行了研究。许继琴（1997）较早地探讨了港口对港口城市发展的促进作用和港口城市的成长模式，提出了港城关系的四个阶段理论，即港城初始联系、港城相互关联、港城集聚效应和城市自增长效应。吴郁文和彭德循（1995）以广州为例研究了港口与都市圈的互动关系，指出港口是城市开放的龙头，世界临海型经济格局已然到来，发展港口经济可驱动城市产业升级。吴传钧和高小真（1989）、宋炳良（2000）、杜其东等（1996）、杨华雄（2000）、刘秉镰（2002）、高宗祺等（2009），从理论上阐明了"港以城兴、港城相长、衰荣共济"的港城关系规律，揭示了港城关系的变迁及相互作用机理。惠凯（2004）从港城关系的演变规律入手，提出了港口发展推动城市发展的两个基本模式，即腹地扩张模式和产业延伸模式。陈航等（2007）在前人研究的基础上，从产业和空间角度研究了港城之间错综复杂的联系，提出了港城关系产业链和空间链的概念。梁双波等（2007）针对个案，对港城关系进行了定量分析，研究得出了城市产业结构变动、港口功能演变、港口竞争、港口管理体制、国际贸易发展是港城关系变化的成因机制。另外，杨伟和宗跃光（2008）、刘青（2008）、殷惠（2006）分别从实证的角度，研究了典型港口城市的港城关系。

此外，我国学者对国外比较流行的港城滨水区的相关研究也有所涉猎。例如，徐永健和闫小培（2000）基于国外成功案例，对我国城市滨水区的旅游开发做了初步探讨；庄佩君和汪宇明（2010）探究了港—城界面地区的空间演变，并将该地区的空间演变划分为形成成长阶段、成熟扩张阶段、衰退废弃阶段、再生复活阶段，这体现出港城关系的共生一体—共同扩张—分离—再度整合的演变过程。

（二）腹地的研究

对于腹地的研究多是针对港口而言，相关研究多集中在腹地边界的确定、范围的划分、港口关系与联系的分析等方面。以吴松弟为代表的复旦大学历史地理研究中心，一直对我国港口城市与腹地关系从事着较为系统的研究工作，其代表性著作《中国百年经济拼图：港口城市及其腹地与中国现代化》和《港口—腹地和中国现代化进程》系统描述了百余年来中国主要港口城市与腹地的关系及其对中国现代化空间进程的影响，内容包括：各港口的发展历史和贸易史；各港口的地位和相互联系；腹地的空间范围及其层次的变迁；港口城市通往腹地的交通网络和市场体系；港口城市与腹地之间主要通过进出口贸易体现出来的经济上的联系与互动；港口—腹地关系对区域经济与现代化的影响；等等（复旦大学历史地理研究中心，2005；吴松弟，2006）。此外，周一星和杨家文（2001）指出，由于港口城市的对内联系范围与城市所在海港的腹地范围在空间上十分接近，许多研究将港口的腹地范围视为港口所在城市的腹地范围，将港口进出口货流的国内流向，作为探讨其所在港口城市的腹地范围的基本途径。周一星和张莉（2001）进一步通过对全国主要口岸城市外贸货流区域特征和外向型腹地范围的研究，以口岸城市群为核心划分出我国对外经济联系区。陈为忠（2007）从以腹地为主的港口经济空间的变迁分析入手，探讨了港口（城市）—腹地互动与区域发展的关系。徐惠蓉（1990）从港口、港口城市和腹地的特征角度，提出了三者经济的"三连动"关系。戴鞍钢（2004）以上海及其传统腹地长江三角洲和长江流域为例，从历史角度探讨了海港与腹地的关系。

（三）现代化与国际化的研究

现代化与国际化是港口和港口城市未来发展的趋势，我国学者在这一方面的研究始于改革开放后，进入 21 世纪后相关研究日益活跃。相关研究主要集中在现代化指标体系的构建与现代化水平的评价、现代化与国际化的界定与内涵、现代化与国际化的发展战略等方面。研究多针对某一港口城市，并通过分析研究提出对该港口城市现代化与国际化发展的战略指引与决策。

第三节　港口与城市的关系

一直以来，港城关系都是港口和港口城市相关研究的核心内容与基础性内容。一般认为，建港兴城、城以港兴、港为城用、港以城兴、港城相长、衰荣共济，是世界范围内港口城市发展的一般性规律，也是港城关系的基本作用机理。纵观世界城市发展历史可以发现，当今世界上最为发达的城市多起源于拥有优良港口的城市或依托典型港口城市发展壮大。

港口城市兼具港口和城市的双重科学内涵，是港口和城市的有机结合体。港口是具有一定的设施和条件，进行船舶停靠、旅客上下、货物装卸等作业的地方，是港口城市特有的交通设施。在区域层面上，港口是水陆交通的枢纽，是国内外贸易往来的门户和窗口。由于生产资料与劳动力的密集流动，在市场经济体制下，围绕港口形成的巨大的产业发展引力，使得港口区及其周边地区成为城市经济活动最为集中的区域，港口的区域功能主要表现在运输中转功能、商品生产功能、商业贸易功能、物流与信息服务功能、供应链管理与配置功能等方面。城市是具有一定人口规模，并以非农业人口为主的居民集聚地。因人类活动的集聚，城市自然成为区域经济活动的中心，并以各种经济活动内容、方式与区域进行联系，在区域系统组织关系上即体现为城市职能。随着城市和区域的发展及相互作用关系的深入，城市职能在多样化的基础上趋于专业化和强化，在地域空间上表现为区域职能城市和一般中心城市的分化（图1-4）。

对于港口城市，一方面港口将其特有的区域职能赋予了其所依托的城市，城市在与区域的相互关系中进一步体现或放大港口的这一区域职能；另一方面城市又反作用于港口，强化或抑制港口区域职能的发挥。这种港口与港口城市之间复杂的相互影响关系即港城关系。因此，对于港口城市的研究不仅需要关注港城关系的条件、过程等内部内容，还需关注港城关系的结果及效应。

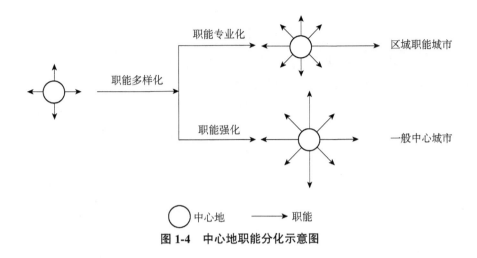

图 1-4　中心地职能分化示意图

　　港城关系的内涵丰富，泛指港口与其所依托城市之间的各种关系。一般认为，港口是城市的重要资源和交通设施，港口深刻影响着甚至决定着港口城市的形成与发展，同时港口城市也为港口的发展提供了必要的基础和保障。对于港城关系，可以从不同角度、不同层次加以理解。

一、空间关系

　　港口是港口城市的一项交通设施，港口与城市的空间关系主要体现在港口在城市中的位置，既包括港口设施布局的微观地理位置，也包括港区功能位置（区位）。这种位置在地理空间上的实体地域，即港—城界面区域（滨水区）。

　　港口与城市的界面是一个不断变迁的区域，英国学者 Bird（1971）曾以著名的任意港模型揭示了港口在成长过程中与城市的典型空间关系。虽然这一模型是针对河港的研究，但该模型对海港的空间演变过程也具有指导意义。另外，随着滨水区（老港区废弃地区）的开发热潮，港口与城市在地域和空间上重新连接了起来，港城之间以新的姿态又走向了融合。总体上看，港口与城市的空间关系呈现出"合—分—合"的螺旋式上升过程。

需要指出的是，对于我国这样的快速发展中国家，城市化速度快，尤其是政府主导下的城市空间扩展迅速，港口与城市的空间关系演进往往并不遵循一般经验规律，其发展具有跳跃性和突变性。考察我国港口城市的发展进程，可将港口与城市的空间关系归为四种类型：①渐变式——港口区逐渐从城市中心外移和拓展，如广州港自隋朝开始由坡山（今惠福西路）、西来初地（今华林寺一带）—光塔码头（今光塔寺一带）、兰湖码头（今流花湖一带）—西澳（今南濠街一带）、东濠（今清水濠街一带）—黄埔—黄埔新港—新沙港—南沙港逐渐向东、向东南迁移；②大港适距起步式——港口并非依城而建，起步发展时便与城市中心有一定距离，随着港口规模的扩大，港口距离城市中心越来越远，如湛江地区凭借优良的港航条件发展深水良港，在城市扩张的同时港口也不断扩展，但港口逐渐向海口方向延伸，远离城市中心城区；③跳跃式——受技术、空间、自然条件等的制约，港口跳跃到较远的条件较好的港区发展，原有港区在城市发展空间需求压迫下逐渐衰落，如天津港由三汊河码头区—塘沽新港的发展，大连港由大连港老港区—大窑湾港区—长兴岛港区的发展；④双港并存式——老港区与新港区并存或相邻港口城市港口的协同发展，如香港和深圳港口的分工与协作（王缉宪，2010）。

二、职能关系

港口与港口城市职能相辅相成。一方面，港口作为港口城市的重要交通设施，是港口城市的重要职能部门。港口为人和物提供的海陆间流通功能，使得港口城市具备区域城市体系中的海陆交通运输优势。在港口城市发展初期，城市凭借港口条件形成的海陆交通运输优势成为具有区域转运职能的中心城市。随着港口城市的进一步发展，这种转运职能逐渐延伸为贸易职能和服务职能。另一方面，港口的发展离不开经济腹地的支持，港口城市作为港口的直接经济腹地，随着港口城市区域职能的转变，港口相应地产生职能转变。例如，港口的功能逐渐由单一功能向综合功能转化，尤其是在进入全球化综合物流时代之后，现代港口已由纯粹的区域运输中心（运输—转运—储存），向配送中心（运输—转运—储存—装拆箱—仓储管理—加工），再向综合物流中心（运输—转运—储存—拆装箱—仓储管理—加工—信息处理）转变（王国文，2003），而这均需要有其所依托城市强大的贸易与服务职能作为支撑与配套。

三、经济关系

港口是港口城市经济发展的生命力所在。港口城市凭借其海陆交通网络，在世界范围内配置各种经济要素，参与国际贸易和国际分工，往往表现出活跃的外向型经济景象。在经济全球化发展的驱使下，这一经济发展模式有力地推动了城市地区和城市腹地经济的繁荣。

另外，城市作为港口的直接经济腹地是港口发展的原料来源与基础销售市场，城市外向型经济的发展对港口的依赖，刺激了港口规模的扩大、港口技术水平的提高，从而进一步推动了港航经济、临港产业等港口经济的发展。

四、社会关系

港口及相关港口经济的发展可以推动港口城市社会的发展。其一，港航产业、临港产业等与港口直接相关或间接相关的产业为港口城市创造了财富，支撑城市公共事业等社会事业的开展；其二，港口相关产业为社会创造了大量的就业岗位；其三，悠久的港航及贸易历史，培育了港口城市传统的经商意识，居民具有以商为业、以商为荣的价值观。另外，港口城市社会发展水平也深刻影响着港口的发展，如社会的稳定、城市环境的安全等是港口稳定发展与健康发展的保障，人口的素质与意识形态是港口实现港航相关产业结构升级的支撑，城市基础设施、区际交通运输网络等是港口运行与区域职能实现的载体，城市的制度体制及社会的文化底蕴也影响着港口的发展程度和方向。

第四节　城市与区域的关系

一、城市与区域的基本关系

城市与区域是密不可分的对立统一体。一方面，城市作为节点构造区域框架，作为区域的核心要素主导区域产业和人口集聚；另一方面，城市作为一种区域现象，其运动具有相对独立性，是区域社会经济发展的缩影，体现了区域的特点。一般认为，城市与区域的关系包含两个层次，即城乡关系和区域城市体系关系。其中，城乡关系是城市化地区与周围乡村地区之间的关系；区域城市体系关系是区域内城市之间的关系。以集聚和扩散为特征的要素流动是城市与区域关系的本质特征。总体上看，城市与区域的基本关系体现在以下两个方面。

（一）城市中心性

城市的形成机制决定了城市是区域生产与流通要素的集聚地，尤其是进入工业社会以后，城市因生产和流通的中心性功能，而对区域发展形成的组织和带动作用日益增强，突出表现在组织和带动区域发展、构造区域空间结构、推动区域经济和社会的演进等方面。

从城市自组织运动机理来看，在城市与区域结构的关系中，城市是相对活跃的方面，城市通过集聚获得增长，通过扩散使城市自组织系统得以调整优化，同时不断作用于区域。出于降低成本的追求，产业活动在生产条件较好的城市集聚，通过集聚效益获得更多收益，进一步促使生产要素和经济活动不断向城市集聚，从而强化了城市的区域中心地位。而过度的集聚会导致规模不经济的出现，为谋求比较收益，部分产业活动逐渐向比较收益高的地区转移，在空间上表现为生产要素和经济活动的扩散过程。在以城市为中心的集聚与扩散过程中，城市的产业结构也得以调整与优化。

从中心地角度考虑，城市是区域的政治、经济、文化、流通、管理、信息、服务等的中心。一般情况下，城市的等级越高其综合性越强，且政治、管理、服务、信息等职能的综合性显著。全世界约有一半的人口生活在城市中，其中发达国家占 72.6％；世界上 60％以上的国民生产总值是在城市中产生的（姚士谋等，2004）。随着城市的发展，城市的这种中心性职能也在不断演变。在城市形成初期，城市中心性职能一般以单纯的区域政治中心、军事中心、商贸中心为主；随着工业化的开始，生产中心和经济中心日益成为城市的重要中心性职能；随着工业化的深入，城市的管理、文化、信息服务等高级中心形态日益显现。一方面，部分大城市各种中心性职能集聚，成为区域高等级的综合性城市；另一方面，部分城市中心性职能分化，对于城市本身地域空间，表现为综合性的中心性职能，对于区域城市体系地域空间，表现为区域中特殊职能城市。例如，荷兰城市体系的职能分散化：首都阿姆斯特丹是商业、金融和文化中心；海牙是行政中心，设中央政府及各国使团；鹿特丹是物流和重工业基地等；其他中小城市承担着许多全国意义的专门职能。

（二）区域基础性

区域的发展源于区域性增长极的拉动，即城市的扩散作用；同时，区域通过提供农产品、劳动力、土地、市场、生产资料等为城市发展提供基础性保障（沈道齐和崔功豪，1990）。城市的形成、发展、兴衰与区域经济社会发展及环境基础条件的变迁存在明显的正相关关系。其中，区域主要通过自然地理和经济地理条件影响城市的形成与发展。

区域自然地理条件是城市形成与发展的基础性和背景性条件，具有相对稳定性。地质地貌、气候、水文、土壤、植被等条件作为人类生存的基本环境，提供了城市形成的可能性，通过影响人口居住进而影响城市的形成和分布。资源、区位等条件为城市的形成与发展提供了契机，如依托煤炭、石油等资源的开发而成长起来的大庆、克拉玛依等资源型城市，依托京杭大运河漕运枢纽区位繁荣起来的古城淮安。

区域经济地理条件具有动态性，主要体现在自然资源丰饶度及其组合、基础设施水平、劳动力质量、经济社会发展水平与结构、传统与文化、生态环境、政策环境等方面。一般情况下，区域发展水平越高，城市竞争力越强，城市分布密度越大，区域内经济发展差异越大，城市分布越不均衡。例如，基于较好的资源配套和基础设施，在区域政策的指引下，辽中南城市群得以在中华人民共和国成立初期迅速发展壮大；基于优良的港口条件、优越的交通运输区位，以及改革开放以来我国对外开放政策的指引和世界经济一体化的潮流，沿海港口城市（如大连、青岛、宁波等）得以迅速发展等。另外，区域经济地理条件的变化也是引起城市变迁的重要因素。例如，位于我国古代南北水运中心的淮阴，曾是我国南方著名的"淮扬苏杭"四大名城之一，盛极一时，但鸦片战争以后，随着海运和陆路交通的兴起，其中心地位不复存在，城市逐渐衰落；又如，南昆铁路的通车使北海成为大西南地区的海上门户城市，增强了北海的区域中心性。

二、城市与区域关系演化动因

城乡关系和区域城市体系关系是城市与区域关系的两个方面。从根本上看，城市与区域关系演化的动力基础是社会生产力的发展和生产关系的变革。具体来看，城乡关系的演变，其基本动因是城市化进程；区域城市体系关系的发展，其基本动因是产业结构的调整和升级；另外，区域政策背景作为干扰因素也深刻影响着城市与区域关系的演化。

（一）城市化推动城乡一体化发展

城市化是城市对周围农村地域影响的传播过程，是区域经济、社会和空间结构向城市模式或城市导向演进的过程，包括城市用地结构的扩张、城市生产生活方式的扩散、城市文化和基础设施建设的延伸等。随着城市化的运动，城乡差距逐渐消失并实现一体化。在城市化初期阶段，城乡要素流动贫乏，作用方式简单，城乡社会经济发展相对独立、差异显著；在城市化中期阶段，表现为在城市自组织作用下的城乡要素强烈的集聚与扩散的运动过程，城与乡在交互运动中寻求结构与功能上的协调，城乡差距在调整中逐渐缩小；在城市化成熟阶段，即城乡一体化阶段，城乡差距消失成为有机统一体。

（二）产业结构调整推动区域一体化进程

与城乡一体化的进程不同，区域一体化强调区域整体功能性，区域内各城市职能和规模有序地组织在一起，彼此依托，互动发展。产业结构的调整与升级促进了区域城市体系的职能分工和组合，将区域内的城市有序地组织在一起。在农业社会，城市布局相对分散，城市之间较为孤立，城市功能相对单一。进入工业化社会以后，从世界发达国家的工业化进程来看，在工业化初期，以劳动密集为特点的轻工业的发展，引起了区域人口和农产品向城市的集聚，区域增长极初步形成；在工业化中后期，以资本、资源和技术密集为特点的重化工业的发展，引起了区域内城市的高度极化，随着规模不经济带来的溢出效应，形成以企业为主体，以交通干线为通道的产业扩散和转移，进而刺激区域内城市功能的调整；在后工业化时期，产业结构进一步调整，产业发展以知识密集型产业为主导，以"创新—成熟—转移—创新"的快速循环为特点，区域内逐渐形成等级有序、分工协调的城市体系网络，区域成为协调有序的整体。

（三）区域政策背景加速或延缓城市与区域关系演化

这里的区域政策背景是广义的概念，既包括国家对区域的宏观政策导向，也包括经济全球化下的世界政治经济格局。作为一种具有主观指向性的动因，区域政策能够加速或延缓城市与区域关系的一般演化过程，特别是在我国这样一种深受计划经济体制影响的国家，国家宏观调控与政策指引对城市和区域的发展具有重要影响。例如，中华人民共和国成立以来我国几次大的区域发展战略与政策调整如下（陆大道等，2003）：①1948～1978年，平衡发展、均衡布局、缩小差距是我国区域发展战略与政策的基本特征，两次生产力布局的大规模向西转移，迅速推进了东北及中西部地区的城市化进程，造就了一些如辽中南、成—渝、兰—包等以重工业为特点的地区的崛起。②1979～1991年，受不平衡发展政策的影响，国家投资政策开始强调效率目标，向条件较好的沿海地区倾斜。这一时期,长江三角洲、珠江三角洲及一系列沿海区域得以飞速发展,以中心城市为主导的区域系统结构与功能日益完善。③1992年以来,区域协调发展指导方针的提出又为中西部地区的发展带来了契机。这一时期,一方面,长株潭经济区、武汉都市圈等依托重要交通干线和拥有优势区位的地区实现了快速发展;另一方面,地方乡镇企业发展活力的增强带动了中西部地区中小城市的发展,使得区域城镇体系结构得以调整完善。

三、城市与区域关系演化过程

城市化和工业化是城市与区域发展的重要驱动因素,基于城市化和工业化进程,考察城市与区域互动过程可以发现,城市与区域关系发展呈现阶段性规律,即由区域主导时期到城市主导时期进而到城市—区域双向互动时期演变(表1-3)。城市与区域关系的发展过程实质上是走向城市区域化和区域城市化,即城市—区域一体化的过程。

表 1-3 城市与区域关系阶段性特征

阶段	区域主导时期	城市主导时期	城市—区域双向互动时期
社会经济形态与发展阶段	农业社会	工业社会	后工业社会
产业组织	孤立	人口的强烈集聚、生产的集聚与扩散	管理的高层次集聚、生产的低层次扩散、控制和服务业的等级扩散
要素流主体	农产品、手工业品(产品流动)	人口、资本、技术(产业溢出)	信息、知识、意识形态(智力溢出)
城市化特征	缓慢	快速	缓慢
城市体系特征	分散、无序	不断调整	均衡、有序

(一)区域主导时期

区域主导时期主要是指农业社会或以农业经济为主的时期。区域条件强烈影响着城市的形成、城市职能与城市规模的变化,城市发展多依赖于区域基础条件。总体上来说,区域主导时期包括区域自然地理条件主导时期和区域经济地理条件主导时期。初期,城市多为基于较好的区域自然地理条件而形成的单中心城市,城市职能单一,以政治和军事职能为主,与区域关系简单贫乏。例如，我国古代多在自然条件较好的地域建城，这类城市主要是统治阶级的权力中心，城市的经济活动主要是满足权力运行的需求。后期，随着简单手工业和市场的发展，区域发展呈现多中心化，区域中城市职能初步分化，一些拥有较好交通运输条件等经济地理区位优势的城市得以迅速发展。例如，扬州凭借京杭运河漕运枢纽区位成为我国古代运河漕运和盐务中心，盛极一时；苏州依托运河交通优势和手工业专业化优势成为工商业中心城市。

（二）城市主导时期

城市主导时期主要是指进入工业化和工业化的中期阶段。这一时期，城市功能性增强，突出表现为城市的极化与扩散作用，以及通过交通通信网络对区域城市体系和区域功能及水平形成强烈的影响。城市个体日益活跃，成为区域活动的主体和中心，城市通过自组织运动不断发展并通过外向功能性影响区域的发展。区域历史文化背景对城市的影响日益显著，城市在经济高度集聚的条件下，开始谋求个性化的发展。

初期，城市的集聚作用显著，城市经济在国民经济中所占比重越来越高。城市作为区域的生产中心和区域市场，要素流主要是金融资本、原材料、农工业产品以及伴随生产的劳动力流，主要交易地理区是自然资源区位，城市对自然资源的依赖性较大，如英国的伯明翰、美国的匹兹堡、德国的鲁尔区等。

后期，城市的扩散作用增强。随着技术的进步、产业结构的升级，金融业、服务业等非物质主体的产业形式日益发展，尤其是伴随一系列依托便捷交通通信条件发展的跨国公司、金融网络、贸易集团等的涌现，城市与区域之间资本、信息的流动日益活跃，此时的优势地理区位主要是中心城市。其中，大城市凭借雄厚的经济实力、灵敏和及时的信息获取能力、发达的科技力量、便捷的交通通信网络等，在一个区域或国家乃至世界经济中居于支配地位。

这一时期，区域对城市的影响依然重要，但是传统的区域性因素（如资源、自然条件、区位等作用力）因科学技术、交通通信手段等的进步而日益减弱。城市发展对传统区域条件的依赖程度逐步降低，而区域制度、政策、经济和科技发展水平、人力资本水平、世界政治经济格局等的作用力日益显著。例如，位于美国旧金山东南部的"硅谷"地区，该城市形成与发展的根本动力机制源于新科技革命下技术与知识的空间集聚（王旭，2006）；我国温州，自然资源匮乏且交通不便，但是在国家对外开放机遇下，以温州人历史上形成的外向型文化传统（吴传钧等，1997）走出一条城市发展的新模式——温州模式。

（三）城市—区域双向互动时期

城市—区域双向互动时期主要是指进入后工业化社会的阶段。城市与区域的关系强调整体性，地域上表现为城市区域化和区域城市化，是城市与区域关系的最高形态。这一时期，城市仍然是人口和生产的集聚体，但这里的生产主要是基于智力的创新性生产；城市和区域无清楚界线，区域内城市地域呈现连成一片的趋势。具体表现如下：第一，城市与区域各项功能融为一体，尤其是经济、文化功能。第二，对应于信息化与产业高技术化发展阶段，区域生产力向均衡化发展，空间结构网络化，形成组织有序的社会经济网络系统，整个区域成为一个高度发达的城市化区域，如世界六大都市带地区（美国东北部大都市带、美国五大湖沿岸大都市带、日本太平洋沿岸大都市带、英国英格兰大都市带、西北欧大都市带、以上海为中心的中国长江三角洲城市群）（许学强等，2009）。第三，城市和区域已不仅是概念问题，而成为某种思维定式，如美国纽约大都市区横跨四个州，居住在这一地区的人会首先把自己的第一身份认定是大纽约人，其次才是其所在的具体地区，显示出大区域地位的明显提升和行政区划的淡化（王旭，2008）。我国的长江三角洲城市群在一定程度上也进入了一体化阶段，如其中的苏南地区，城市与农村整体发展，基础设施呈现网络化和整体化，农村人口和城市化人口广泛流动，基于第二产业的高度集中和第三产业的蓬勃发展，农村空间功能逐渐综合，具有城市的功能和性质，城乡差距逐渐消失。

四、新时期城市与区域关系的新特征和趋势

21 世纪，世界发展进入全球化和知识经济时代。在经济全球化条件下，

城市尤其是中心性大城市，既是独立于区域的个体（如世界城市的出现），又是区域的节点（如世界城市均位于发达的经济区域）。在知识经济时代，城市是产业结构与产品结构扩散的高地，也是组织管理、社会文化和意识形态的中心。因此，新时期，城市的功能性和区域的整体性是城市与区域关系的核心，其地域空间形态表现为城市区域化和区域一体化。

（一）城市与区域对立统一关系依然存在

一直以来，我国城市与区域关系始终存在一系列对立和统一，这种城市与区域的矛盾关系将来一段时期也难以彻底改变，其根源在于以下两方面。

第一，区域差异显著。由于城市化和工业化进程的差异，我国城市与区域的发展呈现出显著的东西差异和南北差异。东、中、西三大经济地带的基本社会经济发展水平差异显著，其中东部与中西部地区的差异最为明显。2013 年，东部地区人均 GDP 水平达 62 405 元，是中部地区的 1.76 倍，是西部地区的 1.81 倍，是东北地区的 1.26 倍[①]。另外，三大经济地带内部发展水平也不均衡，我国两大城市群区域——长江三角洲和珠江三角洲地区人均 GDP 分别为 74 823 元和 93 114 元，明显高于东部地区平均水平[②]。

第二，城市化水平和质量不高。从世界城市化进程来看，一般认为我国总体城市化水平处于城市化中级阶段，2018 年常住人口城市化率为 59.58%[③]，部分地区步入城市化后期阶段，出现显著的郊区化进程。工业化总体上处于工业化中后期阶段，从高速工业化向高质量工业化转变，总体上表现为城市化滞后于工业化及经济发展水平，地域上表现为城乡二元化结构。另外，城市化质量也存在诸如虚假城市化、半城市化等问题，表现为城市化发展与区域经济发展不同步。城市化的低质和低量制约着城市基于集聚和扩散机制的自组织运动，影响着城市与区域的相互作用，从而不利于区域一体化的演进。

---

① 《中国区域经济统计年鉴 2014》。

② 《中国区域经济统计年鉴 2014》。

③ 2018 年国民经济和社会发展统计公报 [EB/OL]. http：//www.stats.gov.cn/tjsj/zxfb/201902/t20190228_1651265.html[2019- 05-20].

（二）城市与区域关系出现新的变化趋势

随着生产社会化的发展，新时期国际劳动分工从传统的垂直型向水平型转变，基于信息化机制下的水平分工在迅速发展和加深，经济发展进入全球化和信息化时代。在经济和人口的集聚与扩散流动趋势下，多极、多层次世界城市网络逐渐形成。显然，区域的发展需要依赖并通过中心城市作为窗口和纽带融入世界经济体系。同时，城市也需要依赖区域获得竞争力进入世界城市网络，如世界城市纽约、东京和伦敦分别基于世界上三个大的都市带地区。

一方面，为适应世界经济社会发展浪潮，以中心性城市为核心和窗口，带动区域发展，同时组织等级有序、功能合理的城市体系完善区域功能性、协调区域发展，是实现区域一体化进程的必由之路。具体表现在："精明城市"模式将成为中国城市发展的主流①；城市由规模开发转向功能调整，形成以区域为载体的新型城市经济区；都市带的地位和作用得到不断强化。

另一方面，随着全球化进程的加快与知识经济时代的到来，城市与区域的发展速度加快。城市逐渐发展为城市区域，而区域也日益成为城市化的区域，城市与区域的边界趋于模糊。具体表现在：第一，经济社会发展和科学技术进步，尤其是信息、交通网络的快速拓展，以各种"流"的形式形成的城市与外围区域之间、城市之间、区域之间的联系日益密切，城市在区域中的地位达到前所未有的高度，城市与区域地理单元走向交织缠绕和相互融合。特别地，随着城市实体地域与功能地域的空间扩展，城市与区域之间以城市网络、区域城市、城市区域等形式，不知不觉、有意无意地走向了交织缠绕甚至融合。第二，城市自身地域空间向外扩展，形成城市区域。城市的向心增长与离心增长相结合形成快速发展的城市化地区，以大城市为核心的巨型城市区逐渐成为一种新型的城市空间形态。在快速城市化背景下，我国大量城市发展处于集聚与扩散同时进行的阶段，城市空间向郊区扩展，城市加速走向区域，并由圈层蔓延走向轴向拓展，从紧凑团块走向分散组团，从大城市模式转向大都市区模式。第三，在中心城市极化过程中，城市之间的时空间距离缩短趋势明显。随着城市

---

① 精明城市是指城市发展以精明增长为发展理念。精明增长的主要内容是遏制城市无序蔓延和侵占农地、缓解城市交通拥堵、防治大气污染，有效治理"城市病"等。

自身规模的不断扩大,区域内城市与城市之间的联系进一步加强。从空间上看,城市间的边界逐渐变得模糊不清,进而形成城市密集区和城市群组,内部空间结构进一步向低密度网络城市空间结构转变。

与西方国家区域的发展不同,多年来我国宏观区域发展政策的适时干预,如西部大开发战略、主体功能区规划等,是规避城市与区域发展问题、实现一体化进程的必要保障。

第五节　港口城市与腹地的关系

一、港口城市与腹地关系特征

（一）城市独立性

港口城市的本质是城市,是区域的中心地,作为一个自组织运行的完整系统,其发展的核心动力来自其自身的内生增长性。城市作为区域的生产中心(指广义的生产中心,包括物质生产、知识生产、服务生产等),通过集聚获得增长,通过扩散使自身不断优化,即城市在对区域的不断集聚与扩散的过程中得以发展。另外,外部环境,如区域条件、自然基底、经济背景条件、其他城市等,通常是作为一种催化剂,引导、加速或减缓城市的这种自组织运动。

（二）腹地依托性

区域为城市的发展提供了基础性的保障,港口城市的发展同样需要区域的保障与支持。在港口与港口城市的相关研究中,习惯将港口城市依托的区域称为腹地。

一般认为,港口腹地是指港口服务的区域,其功能是物和人的扩散地与来源地。广义上,港口腹地包括港口输运能力所能到达的所有区域;狭义上,港口腹地是指与港口有直接或间接运输关系的地域。港口以运输为基本属性与职能,受区域交通网络、区域经济结构及属性等影响,港口腹地具有如下表现。

（1）腹地地域不连贯。例如,哈尔滨为大连港的直接经济腹地,但是位于哈大沿线的伊通可能与大连港并无直接交通运输关系，在地域上港口腹地表现为以交通干线为连接线，以枢纽城市为节点的斑块布局（图1-5）。

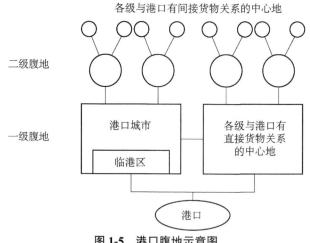

图1-5 港口腹地示意图

（2）腹地呈动态变化。腹地是港口赖以生存的根本，港口不断发展完善的最终目的是拥有更多的腹地，而腹地也会选择对其产生效益最优的港口。在腹地对港口的"比较—选择"过程中，腹地呈现出扩张、袭夺、转移的变化。

（3）港口与腹地关系相对单纯。基于港口的本质属性，港口与腹地的关系主要是物和人的运输关系。

在城市地理学研究视角，即中心地理论视角下，将港口城市的腹地称为港口城市作用区、影响区或者扩散域更为贴切（图1-6）。区别于港口腹地，港口城市的腹地相对连续、稳定与综合。

（1）腹地连续，遵循距离衰减定律。城市作为区域的节点与中心，对区域具有核心带动和辐射作用，通过空间极化与扩散作用不断影响着区域，在地理空间上表现为以城市为中心的城市化与郊区化过程以及区域城镇体系的形成和一体化过程，且这种影响随着距离的增加而减弱。例如，城市化过程显现为以中心城市为中心向外围推进，城镇体系形成显现为各级中心地构成的等级扩散与职能分工过程。

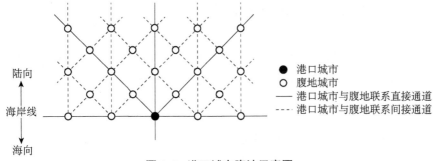

陆向

海岸线

海向

● 港口城市
○ 腹地城市
—— 港口城市与腹地联系直接通道
----- 港口城市与腹地联系间接通道

图1-6 港口城市腹地示意图

（2）腹地规模稳定，受其他港口城市的影响小。一方面，港口城市作为自组织运行的城市个体，城市间各自发展相对独立，而港口城市的腹地是城市自组织系统的一部分，受其他港口城市的影响较小；另一方面，区域内各港口城市在长期的发展过程中依据自身特点产生协作与分工，往往会形成规模有序、职能明确的城市体系，使得港口城市的腹地相应发生区域职能分化，腹地规模、区域职能趋于稳定。

（3）港口城市与腹地的关系多元、复杂。港口城市的特征属性是临港性，其本质属性是城市，即服务于区域的中心地，发展到现代，这种中心职能日趋多元化与综合化。港口城市与腹地的联系，不仅包括交通贸易的联系，还包括生产、行政、文化、服务、信息等方方面面的联系，城市与腹地之间联系的动力基础是产业的集聚与扩散。

（三）区域中心性

港口城市在区域城市体系中的中心地位体现在两个方面。一是区域城市体系节点。作为一种职能城市，港口城市在区域中占有一定的地理空间，具有一定的规模和区域职能，与周围地区和城市有着密切的联系，是区域的增长极与区域体系网络的结节点。尤其随着区域城市系统的不断发育，城市功能的不断分化，港口城市的区域节点功能更加明晰，在我国逐渐融入经济全球化的进程中，其节点地位也更加突出。二是区域运输与物流节点。港口城市一般被认为是交通运输型的城市，这主要得益于港口的海陆交通运输中转功能。随着港口的发展与演进，港口城市逐渐由区域的货物中转中心向贸易物流中心转变。

二、港口城市与腹地关系演化模式

有关港口城市与腹地关系演化模式的相关研究中有五个比较著名的模型，分别是 Taaffe-Morrill-Gould 模式、Rimmer 模式、Vance 模式、Bird 模式、寺谷亮司模式（王茂军，2009）。

（一）Taaffe-Morrill-Gould 模式

Taaffe-Morrill-Gould 模式是 Taaffe、Morrill 和 Gould 在基于发展中国家交通网络发展演化的研究中得出的，这一模式将港口城市与区域关系演化划分为六个阶段（图 1-7）（Taaffe and Gould，1963）。

第一阶段：港口城市萌芽与散布阶段。港口城市凭借沿海岸线散布的港湾，形成不规则分布的小城镇，这些小城镇主要为渔船与商船贸易服务。城镇依托的港口有着极其有限的腹地，城镇与腹地之间及各城镇之间的联系薄弱。

第二阶段：腹地扩张与港口城市雏形阶段。随着通向内陆区域的交通路线的建设，港口间开始对腹地的竞争。其中，具有港口转运优势的小城镇规模迅速扩张、区域职能日益突出，逐渐发展为港口城市（P_1，P_2）。另外，依托交通线路，具有市场扩张优势的内陆中心城市（I_1，I_2）出现。港口城市依托交通线路与内陆腹地发生以资源运输为核心的互相联系。

第三阶段：腹地扩张与区域城镇体系雏形阶段。以港口城市和内陆中心城市为主要核心的交通支线开始发展，同时沿原交通干线形成许多小城市。以港口城市和内陆中心城市为组织中心、以交通线路为通道，港口城市的内陆腹地进一步扩大。区域发展出现以港口城市（P_1，P_2）和内陆中心城市（I_1，I_2）为核心的区域城镇体系雏形。

第四阶段：面向港口的区域城镇体系发育阶段。沿腹地—港口交通干线发展起来的小城市因区位、自然条件等差异，在优势区位发育出交通节点城市（N_1，N_2）。另外，港口城市功能壮大并进一步袭夺周边港口功能，在此基础上港口城市（P_1，P_2）和内陆中心城市（I_1，I_2）进一步发展，并且港口城市之间、内陆中心城市之间初步形成横向互联。总体上，面向港口城市、依托交通线的区域城镇体系开始发育。

第五阶段：区域城镇体系形成阶段。主要城市（P_1，P_2；I_1，I_2；N_1，N_2）

通过交通线连接起来，交通网络日益复杂化，区域中城市之间的联系日益有序、紧密，区域城镇体系初步形成。

第六阶段：区域城镇体系完善阶段。港口城市、内陆中心城市极化与分化发展下形成首位港口城市（P_1）和内陆首位中心城市（I_2）。首位港口城市（P_1）与内陆首位中心城市（I_2），两个港口城市之间（P_1，P_2）通过高等级交通走廊连接起来，交通网络趋于成熟化。基于此，区域中的城市规模等级有序、职能分工明确、空间联系通达便捷，区域城镇体系日益完善。

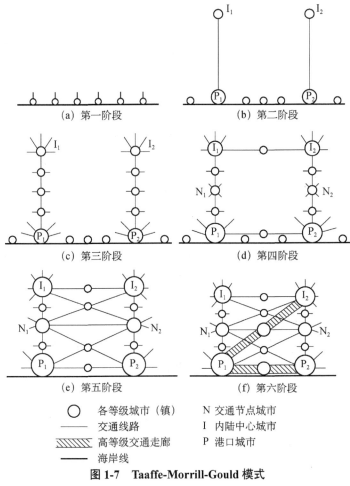

(a) 第一阶段　　　　　　　　(b) 第二阶段

(c) 第三阶段　　　　　　　　(d) 第四阶段

(e) 第五阶段　　　　　　　　(f) 第六阶段

○　　各等级城市（镇）　　　N　交通节点城市
———　交通线路　　　　　　　I　内陆中心城市
▨▨▨　高等级交通走廊　　　　P　港口城市
———　海岸线

图 1-7　Taaffe-Morrill-Gould 模式

资料来源：Taaffe 和 Gould（1963）；王茂军（2009）

（二）Rimmer 模式

在 Taaffe 等的研究基础上，Rimmer（1967）以澳洲海港（Australian seaports）为对象，研究了海港的发展阶段。以港口城市的消长取决于港口功能的变化为约束条件，从内陆交通网络、内陆中心地的变化视角，发现港口城市与区域关系的演化呈现出五个阶段，同时也体现出港口城市之间的空间分布和等级结构的演变过程（图 1-8）。

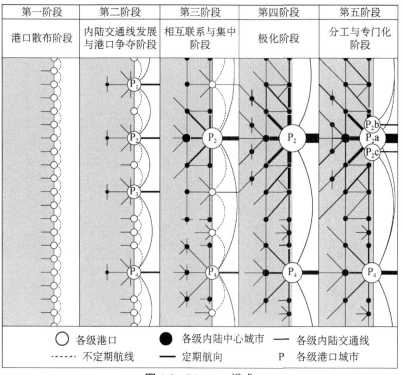

图 1-8　Rimmer 模式

资料来源：Rimmer（1967）；王茂军（2009）

第一阶段：港口散布阶段。港口散布在海岸线上，腹地极为有限，港口及港口城市之间规模与职能相似。港口城市之间联系松散，仅有不定期航线贸易往来。

第二阶段：内陆交通线发展与港口争夺阶段。随着通往内陆区域的交通干线的建设，位于交通干线之上的港口袭夺其他港口的功能，港口开始极化发展，其依托的港口城市规模开始扩大。规模较大的港口之间出现定期的海上联系。

第三阶段：相互联系与集中阶段。内陆交通干线出现交通支线，港口与港口城市的腹地依托交通线路的拓展而扩大，与内陆的联系进一步加强。基础较好的城市职能凸显，集聚能力显著，规模迅速增大，并进一步袭夺周边港口城市的功能与腹地。

第四阶段：极化阶段。随着腹地交通网络的完善，腹地作用活动增强，获得集聚优势的港口城市表现出寡头式的扩张增长，迅速极化成为区域性的大港口城市。

第五阶段：分工与专门化阶段。由过度集聚导致的离心化扩散开始，表现为以区域性的大型港口城市为中心，各港口城市形成规模等级结构与职能分工，通过陆路与海陆的交互联系，港口城市体系化发展。

（三）Vance 模式

Vance 模式反映了美洲新大陆和欧洲城市体系相互作用发展中的港口城市与区域关系的演化过程，是殖民地式发展背景下港口城市与区域关系的演化模式（图 1-9）。这一过程可划分为以下五个阶段（Vance，1970）。

第一阶段：探寻阶段。欧洲探险家从沿海港口城市出发，在美洲新大陆沿岸地带搜寻有益的经济信息，探索美洲新大陆开发切入点，即美洲新大陆港口城市发源点。

第二阶段：港口开发阶段。以天然物产资源掠夺为动机，欧洲商人在美洲新大陆适宜地点开建港口，从而将掠夺的资源输向欧洲。

第三阶段：港口城市兴起阶段。基于大量的移民，美洲新大陆在对外交通便捷的港口地区形成聚落，并进一步发展成为港口城市，同时又是与欧洲进行贸易与运输的中心。

第四阶段：港口与港口城市腹地扩张阶段。以港口城市为起点，向广大内陆腹地建设交通线路，扩大港口城市腹地物资集结范围。同时，腹地内部形成

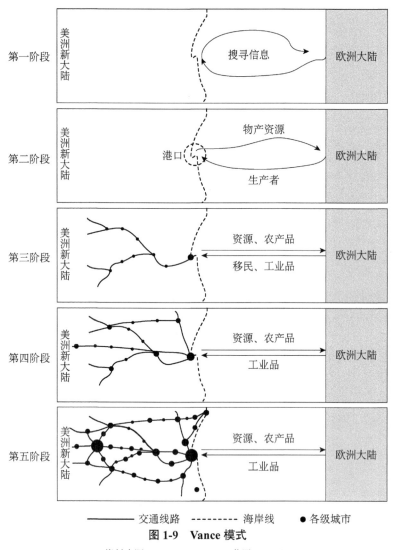

第一阶段

第二阶段

第三阶段

第四阶段

第五阶段

———— 交通线路   ------- 海岸线   ● 各级城市

图 1-9 Vance 模式

资料来源：Vance（1970）；王茂军（2009）

用于物资中转集散的中心地城市，城市空间分布呈树枝状。

第五阶段：门户城市形成阶段。以港口城市为端点的联系广大内陆腹地的交通线路日趋成熟，内陆中心城市集聚其影响区域内的初级产品，通过以交通线路联系的港口城市集散输出至欧洲，同时进口欧洲工业制品，输送批发至内陆中心城市，并进一步扩散。在货物"集"与"散"的过程中，区域逐渐形成拥有广大内陆腹地的门户城市，由此区域城市体系空间框架基于港口城市的门户职能发展起来。

（四）Bird 模式

Bird（1977）在研究门户城市的动态演化过程中，分析了区域发展过程中门户城市与腹地中心城市之间的不同关系，将殖民地城市体系的演化过程划分为三个阶段（图 1-10）。

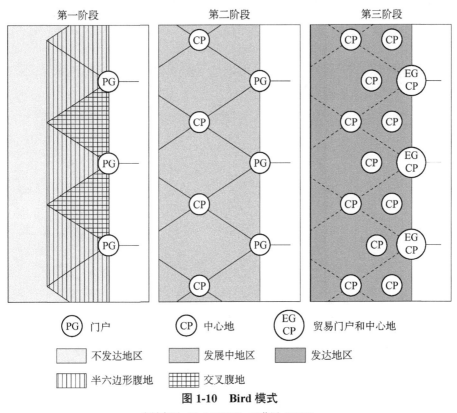

图 1-10　Bird 模式

资料来源：Bird（1977）；王茂军（2009）

第一阶段：不发达阶段。沿海地区凭借其与宗主国便捷的联系条件，依托港口形成门户城市，即港口城市。其功能是集散广大不发达腹地的原材料和宗主国的制造业产品。港口城市与腹地区域关系表现为以港口城市为中心的半六边形腹地。

第二阶段：发展中阶段。随着区域的进一步开发，港口城市的内陆腹地地区形成了大量的中心地城市。这些中心地城市在为港口城市集散物资而得以发展的过程中，内生增长能力不断增强。

第三阶段：发达阶段。殖民地化过程基本完成，港口城市及腹地中心城市发展的核心驱动因子发生转变，港口城市开始转型，由单一门户职能向多职能发展，由流通城市向贸易门户和中心地城市方向转变，港口城市之间以及港口城市与腹地中心地城市之间的联系更加紧密。

（五）寺谷亮司模式

寺谷亮司（2002）对比日本北海道和非洲城市体系形成演化过程，将港口城市与区域关系的演化过程划分为三个阶段（图 1-11）。

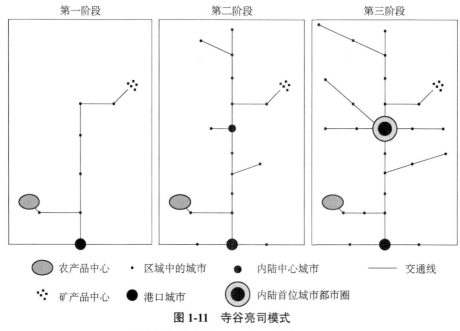

图 1-11　寺谷亮司模式

资料来源：寺谷亮司（2002）；王茂军（2009）

第一阶段：形成阶段。港口城市与腹地内农产品中心和矿产品中心通过交通线路联系带动沿线城市的发展。港口城市和交通线上的节点城市为区域的首位城市。这一时期，港口城市主导区域的发展。

第二阶段：发展阶段。随着交通路网向内陆腹地的延伸，交通干线与端点城市迅速发育，成为内陆中心城市，其中基底条件和区位条件优越的城市规模迅速扩大，与港口城市呼应组成双核结构。这一时期，内陆的经济实力迅速发展，交通干线对区域发展起着重要作用。

第三阶段：重构阶段。内陆首位城市功能强化，带动区域发展的中心由沿海向内陆转移。以内陆首位城市为核心形成大都市圈，其发展逐渐超越港口城市，成为区域发展的中心。

（六）模式评析

以上模式分别从不同的角度描述与反映了港口城市与区域关系的演化过程，总体上表现为，港口城市以伸向内陆腹地的交通线为纽带，驱动腹地城市网络的形成与发展，并在不断的相互作用中形成等级与分工，甚至转型。

五个模式的研究对象多为殖民地地区或者未经开发的处女地区，如加纳（Taaffe-Morrill-Gould 模式）、美洲新大陆（Vance 模式）、新西兰（Rimmer 模式）、北海道（寺谷亮司模式）、非洲（寺谷亮司模式）。这类地区的发展多起源于沿海外来人员的入侵式开发，区域整体发展最初是由外生力量驱动的。但是，对于一些以内生力量驱动的区域来说，如我国长江及黄河流域河口港城市与区域关系、欧洲大陆港口城市与区域关系，这些模式是否适用则有待商榷。东北地区的港口城市，其直接作用腹地为中国东北地区，地域单元相对完整，开发历史较短，同时东北地区城镇体系的兴起与发展伴随着日本等殖民国家的侵略与开发及中东铁路的修建，因此以上模式对东北地区港口城市与腹地关系演化的研究具有较好的适用性。

另外，五个模式的研究体现自上而下的过程，高级中心地的形成优先于低级中心地。现代城市在激烈的竞合发展中，城市体系的演化更多地表现为由低级中心地向高级中心地的演化过程。

五个模式均指出了港口城市与腹地关系的最终形态，即港口城市依托发达、成熟的交通网络，与腹地形成紧密的联系，同时各港口城市之间的关系进一步调整与系统化。一方面，港口城市由腹地指向性的流通中心城市向具有多种职能的区域主导性或指引性的中心城市转变；另一方面，各港口城市形成等级有序、分工明确的统一体。

三、港口城市与腹地空间关系模式

港口城市与腹地空间关系模式在地域上表现为港口城市所在区域的空间结构。根据港口城市在区域中的地位与职能及其与其他城市的关系，这一空间结构总体上表现为三种模式，即单核极化模式、双核结构模式与多心均衡模式（图1-12）。

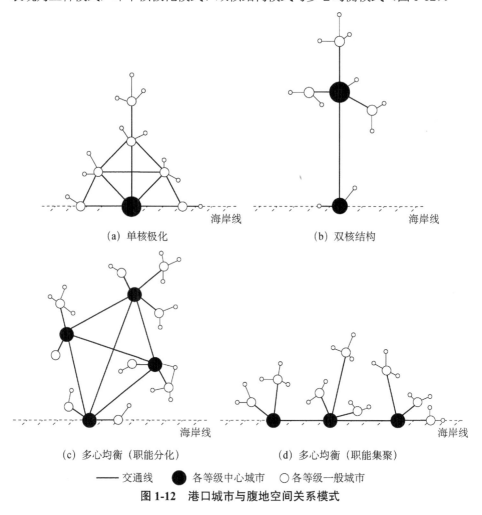

(a) 单核极化　　　　　　　　　　　(b) 双核结构

(c) 多心均衡（职能分化）　　　　　(d) 多心均衡（职能集聚）

—— 交通线　　● 各等级中心城市　　○ 各等级一般城市

图 1-12　港口城市与腹地空间关系模式

（一）单核极化模式

单核极化模式是指在一定区域中，港口城市既是区域性的政治、经济与文化中心，又是区域对外交流的门户，可视为双核结构模式中"双核"的空间重合。该模式往往形成以极核为中心的扇形城市群。

港口城市作为区域的首位城市，首位度指数很高，与第二位城市差异显著。在双向职能的作用下，城市区域功能极为强大，是区域的增长极与扩散中心，以一己之力带动区域的发展。另外，凭借其区域中心地位和对外联系的便捷区位，这类城市又往往发展成为世界城市，在经济全球化发展的大背景下，以其为中心的区域往往更易融入全球化的浪潮。这一模式对区域的作用总体上表现为以点带面的空间作用。例如，我国长江三角洲城市群包括上海市，江苏省的南京、无锡、常州、苏州、南通、盐城、扬州、镇江、泰州，浙江省的杭州、宁波、嘉兴、湖州、绍兴、金华、舟山、台州，安徽省的合肥、芜湖、马鞍山、铜陵、安庆、滁州、池州、宣城 26 个城市[1]，2017 年土地面积为 21.31 万平方公里，总人口为 1.3 亿人[2]。该城市群城镇形成发展历史悠久，是我国目前最大的城市集聚区之一，它以我国最大的经济中心和外贸基地——上海为核心，以沪宁合杭甬发展带、沪杭金发展带、沿海发展带、沿江发展带四条发展路径为组织线[3]，构成长江三角洲城市群的总体空间格局框架，并依托长江河道航运、沪宁铁路、沪宁高速公路、沪杭铁路、杭甬铁路、沪杭高速公路、杭甬高速公路、沿海港口等发达的交通网络，发展成为我国第一个全球化区域（表 1-4）。

表 1-4　长江三角洲城市群城市规模分布

城区常住人口规模	城市个数/个	主要城市名称
>1000 万人	1	上海
500 万～1000 万人	1	南京
300 万～500 万人	3	杭州、合肥、苏州
100 万～300 万人	10	无锡、宁波、南通、常州、绍兴、芜湖、盐城、扬州、泰州、台州

---

① 国家发展改革委 住房城乡建设部关于印发长江三角洲城市群发展规划的通知[EB/OL]. http://zfxxgk. ndrc.gov.cn/web/iteminfo.jsp? id=358 [2020-03-25].

② 《中国城市统计年鉴 2018》。

③ 国家发展改革委 住房城乡建设部关于印发长江三角洲城市群发展规划的通知[EB/OL]. http://zfxxgk. ndrc.gov.cn/web/iteminfo.jsp? id=358 [2020-03-25].

城区常住人口规模	城市个数/个	主要城市名称
50 万～100 万人	9	镇江、湖州、嘉兴、马鞍山、安庆、金华、舟山、义乌、慈溪
20 万～50 万人	34	铜陵、滁州、宣城、池州、宜兴、余姚、常熟、昆山、东阳、张家港、江阴、丹阳、诸暨、奉化、巢湖、如皋、东台、临海、海门、嵊州、温岭、临安、泰兴、兰溪、桐乡、太仓、靖江、永康、高邮、海宁、启东、仪征、兴化、溧阳
<20 万人	8	天长、宁国、桐城、平湖、扬中、句容、明光、建德

资料来源:《长江三角洲城市群发展规划》

（二）双核结构模式

双核结构模式是指在某一区域中，由区域中心城市和港口城市及其连线所组成的一种空间结构现象。具体而言，在双核结构模式中，一方是政治、经济、文化三位一体的区域性中心城市，主要是省会城市；另一方是重要的港口城市，具有区域中心城市门户港城的功能（陆大道等，2003）。

双核结构模式揭示了港口城市与区域中心城市之间的空间耦合关系，实现了区域中心城市趋中性与港口城市边缘性的有机结合，实现了二者区位上和功能上的互补。这一模式对区域的作用总体上表现为"点—轴—面"的空间作用。作为一种效率较高的空间结构形式，双核结构模式在我国港口城市与区域空间关系模式中最为常见。例如，陆玉麒（1998）在对双核结构模式的详细研究中提出了我国 T 型开发模式中的区域双核结构（图 1-13）。

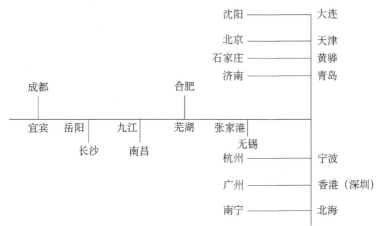

图 1-13　我国 T 型开发模式中的区域双核结构

资料来源：陆玉麒（1998）

（三）多心均衡模式

多心均衡模式是指在区域内存在多个区域级的中心城市，均衡分布、规模相似、区域地位相当，各中心城市既具有独立性，又相互依存与协作。高度系统化前提下的多中心结构既可以有效分散和缓解单核极化模式中核心城市的压力，避免交通问题、环境问题等大城市弊端，又可以凭借中心城市之间的密切协作形成网络式空间结构，使区域成为具有强竞争力的一体化的有机整体。因此，该模式可视为在保证港口城市区域主体地位的前提下，港口城市与区域空间关系的理想形态。

多心均衡模式在空间形态上可表现为以下两种形式：

（1）在区域中心城市职能分化下，港口城市成为区域的职能城市。但是，港口城市的这种职能性具有其独立性，不同于双核结构模式中港口的区域地位是作为区域门户附属于内陆区域性中心城市。例如，港口城市鹿特丹不仅是荷兰斯塔德地区的海运门户城市，还是欧洲核心门户城市，港口城市职能使鹿特丹承担着荷兰城市体系中的物流中心职能，同时基于其强大的集散物资的能力，尤其是高耗、高载物资的能力，鹿特丹又是荷兰的重工业基地（霍尔，2008）。

（2）在区域中心城市职能综合化与极化下（职能集聚），港口城市与其他中心城市一样均为区域的综合性中心。例如，沿海岸线分布的大都市带地区（如美国东北部城市带），一系列大的中心城市均具有双向的口岸职能，同时各项区域职能也较为完善，城市的综合腹地与城市港口腹地稳定。实际上，这类区域是以各中心城市为核心的城市化地区连成一片的结果。

第二章　港口发展历程与趋势

第一节　港口发展历程

随着生产力的进步和航运工具与技术的成熟，港口在一些自然条件适宜的地区出现，最原始的港口往往是天然港口，有天然掩护的海湾、水湾、河口等场所供船舶停泊。随着技术的进步和航运时代需求的变化，港口不断发展与演进。

根据联合国贸易和发展会议（United Nations Conference on Trade and Development，UNCTAD）多年对港口的判定，世界港口发展经历了四代演变过程，业态逐步升级，功能日益完善（梅冠群，2012）。另外，2009 年第八次中国物流学术年会提出了第五代港口的概念。

一、第一代港口——运输枢纽

第一代港口主要是指 1950 年以前的港口，港口只是船舶装卸活动的场所，其功能为海运货物的转运、货物临时存储、货物的收发等，是区域间商品流通的一个环节。港口是海洋运输与内陆运输之间的转运点，其特征表现与货物运输活动、贸易活动相分离，只是货物转移的平台；港口作为一个独立的地方，与当地政府，甚至是货运客户的合作关系往往都很少；港口经营的不同业务彼此孤立，主要经营活动是转运杂货、散货。

二、第二代港口——装卸和服务

第二代港口是指 20 世纪 50～80 年代出现的具有货运装卸、为工商业务服务等附加职能的港口。港口除具备货运、仓储、装卸搬运等基本物流功能以外，围绕港口货运的工业、商业等临港产业逐渐发展起来，港口开始提供工商业务方面的相关服务，如货物拆分装服务等。港区增设临港产业生产设施与服务设施，港口既是流通与贸易的场所，又是货物增值服务中心。另外，港口与腹地之间在运输和贸易中形成伙伴关系，让货方尤其是大的货主在港区内建立货物处理设施。

三、第三代港口——贸易和物流中心

第三代港口是 20 世纪 80～90 年代出现的具有物流中心性质的港口。随着港航技术和信息技术的发展，港口除具有第一代、第二代港口的功能以外，更加强调与所在城市和用户之间的联系，港口服务超出以往货物运输的界限，向货物管理转变。增加运输与贸易的信息服务、货物的配送等综合服务，使港口成为区域物流中心，并逐步发展为国际生产与流通网络的枢纽；港口业务在原有基础上不断专业化、集成化，更富于可变性与主动性；港口基础设施重视信息处理设施配套，致力于产品的增值服务。这一时期，部分港口逐步发展成为集国际物流、贸易、金融、工业等为一体的综合性中心区域，配套建设出口加工区、保税区、物流园区等功能区域。

四、第四代港口——经贸活动管理中心

第四代港口主要处理的是集装箱，集装箱运力是其重要标志。基于港航联盟和港际联盟发展策略，港口生产特性表现为整合性物流，港口运行的关键因素是决策、管理、推广、训练等软因素。港口不仅拥有大型化、深水化、专业化的航道与码头设施，还有密集的全球性国际直达干线网络、便捷的公共信息服务平台。另外，随着运输船舶的大型化，深水泊位和高效的集疏运设施的重要性日益显现。具备条件的港口将在越来越激烈的竞争中，成为各级枢纽港或装卸中心，而不具备条件的港口，只能起到支线港和喂给港的作用。在职能上，第四代港口表现为以城市为主体，港城结合，以自由贸易为依托，集主动策划、

组织和参与国际经贸活动的前方调度总站、产业集聚基地和综合服务平台。在空间布局上，多形成以国际航运中心为核心，以地区性枢纽港、支线港、喂给港为辅助的港口群结构。

目前，具有一定区域地位的规模以上港口均步入或者参与第四代港口发展行列，具有代表性的如美国洛杉矶和长滩的组合港、丹麦哥本哈根和瑞典马尔摩的组合港等。

五、第五代港口——联营合作子母港

第五代港口以国际陆港、支线港和设在内陆的港区为子港，以大型海港为母港（中转港），形成各个子港与母港共生共荣、联合经营、合作发展的子母港群，又可称为联营合作子母港。港口子港与母港相互协调配合，共享港口经济腹地货源，拓展港口腹地范围、开展港口业务。港口发展依赖于港口的直接、间接经济腹地货运规模；港口与陆港和支线港的合作关系及服务质量决定港口货运份额；港口陆向和海向发展战略定位与区域关系决定外向型经济未来的发展规模。

例如，天津港建立了区域通关合作机制，搭建了区域通关服务平台，完善了区域通关服务措施。全面实行了"24 小时通关制度"和"绿色通关制度"，与兄弟省市全面推行了海关"属地申报、口岸验放"、检验检疫业务合作、危险品货物异地申报等各项区域通关措施，与内陆城市合作建设"内陆无水港"[①]。这体现出天津港作为第五代港口——联营合作子母港的发展理念。

第二节 港口发展趋势

经过多年的发展演进，港口已经成为全球资源配置的枢纽，其生产方式打

---

① 天津电子口岸与物流信息平台 7 月 19 日开通[EB/OL]. http://www.tj.gov.cn/xw/xwfbh/200709/t20070911_3473081.html[2020-03-26].

破了传统交通运输、物流服务和中转等简单方式，呈现出组织自治化、生产自动化、经营集约化、管理现代化、信息产业化、建设管理生态化等趋势，且随着国际贸易物流体系的日益完善，港口群体、海陆综合流通网链一体化趋势越来越明显。

一、港口功能和区域地位不断提升

根据联合国贸易和发展会议的研究，当前世界主要门户港已步入第四代港口发展阶段（吴淑，2014）。在经济全球化日益深入以及以现代供应链管理为特征的时代，作为经济、贸易的管理中心，港口之间的竞争逐渐演变为其所参与的供应链之间的竞争。作为综合经济枢纽节点，港口具有连接水运、陆运、空运、管道运输等多种运输方式以及贯穿国内外两个市场的作用，集中了供货方、收货方、各类运输公司、物流公司、仓储、代理公司等各种相关物流信息。在继续保有货物转运功能的同时，延伸港口产业链，参与货物流通的组织与管理甚至营销，并基于港口的集疏运网络和现代化信息网络，形成一体化、无缝隙的供应链物流网络。港口的区域作用从静态的、节点型的转运中心转变为动态的、枢纽型的管理中心。

二、港口深水化与船舶大型化、专门化趋势

随着船舶的日益大型化，相应地要求港口条件的深水化。例如，超巴拿马型船舶的订单已占92%以上，优良的深水港口能极大地提升物流运输与管理效率，是承接大型船舶航运的优势条件（吴淑，2014）。另外，船舶大型化促进了新的全球干线和支线网络运输协同服务的产生，水水中转比重进一步增加。为了适应船舶大型化发展趋势，港口在提高装卸桥效率和作业方式的同时，还要求专业化深水码头和集疏运体系的支撑。在全球排名前30位的集装箱港口中，有20个以上港口具有15米以上的深水泊位，10万吨级以上集装箱码头、20万吨级以上干散货码头、30万吨级以上原油码头屡见不鲜（于少强，2017）。

三、港口及码头运营规模化与集中化

基于对海陆双向腹地的竞争和港口区域功能的转型，港口空间布局呈现出主辅相承的规模化、网络化发展趋势，表现为以全球性或区域性国际航运中心为主体、以地区性枢纽港或支线港为辅助的港口网络，并通过行政管理、产权纽带、联盟经营等手段形成一体化发展的港口群。基于规模经济效应和供应链管理发展的需要，物流码头的运营与管理往往向少数规模较大的国际化码头运营商集中。根据德鲁里航运咨询公司发布的《年度全球集装箱码头运营商回顾》，全球四大集装箱码头运营商[新加坡国际港务集团（PSA International）、和记港口（Hutchison Ports）、马士基码头（APM Terminal）和迪拜港口世界（DP World）]的运营规模合计占全球吞吐量的26%，呈现出显著的码头管理与运营集中化态势（吴淑，2014）。

四、港航物流链延长

依托港口布局的临港产业由传统的转运、仓储、维修、初加工等业态形式向金融、保险、信息、法务、现代物流等现代服务业转变。港口从传统的货物吞吐、装卸作业向货物加工、包装、仓储、信息流通、配送、贸易等产业链的上下端延伸。例如，荷兰鹿特丹港基于传统的大宗港航货运产品，建设炼油、造船、石油化工、钢铁、食品和机械加工等多种工业园区，同时配套存储和疏运设施的保税区与配送园区，实现从货运中心向国际物流中心的转变（陈勇，2007）；新加坡港口发展在传统港口装卸业务的基础上，拓展仓储及物流业务，出租分销园区、集装箱码头、储运站及传统货仓，通过港口的综合服务形式实现国际物流中心的功能。

五、港口功能分化与专业化

港口依托所在城市竞争海陆双向经济腹地，在竞争的基础上形成区域港口合作，因此面对激烈的区域竞争与港口竞争，区域港口群体中港口的功能分化与专业化发展将成为未来港口发展的趋势。例如，比利时泽布吕赫港专营汽车滚装码头运输，形成了独具特色的汽车装配、仓储、配送中心，在欧洲激烈的港口竞争中谋得一席之地；韩国蔚山港凭借其深水港区的条件优势，大力发展炼油和石化产业集群，异军突起成为东北亚石油枢纽港（吴淑，2014）。另外，为在国际竞争中占据有利地位，区域港口之间基于各自优势条件，在分工基础之上合作发展实现港口间整合与功能提升，形成一体化发展的港口群，以获得国际竞争优势。例如，纽约—新泽西港口群、西欧港口群、东京湾港口群、长江三角洲港口群等一体化的港口群发展方式将成为未来港口的发展方向。

第三章　东北地区港口类型与历史演进

第一节　东北地区港口构成

东北地区港口主要由内河港和海港构成，其中黑龙江省有内河港 17 个，吉林省有内河港 12 个，辽宁省有海港 6 个，总体上内河港数量多、规模小，海港数量少、规模大、区域地位高（表 3-1 和表 3-2）。随着货物运输方式和航运需求的转变，东北地区内河港的港口运输地位日益降低，沿海海港地位日益升高，成为东北地区货物内外运输的重要水上通道。内河港与沿海海港港口区域地位差异巨大，一般而言东北地区更加关注沿海海港的建设与发展，内河港总体上处于衰退状态。

表 3-1　东北地区港口类型

地域	港口数量/个	港口类型	港口名称	规模以上港口
黑龙江省	17	内河港	哈尔滨港、佳木斯港、齐齐哈尔港、肇源港、漠河港、黑河港、嘉荫港、萝北港、饶河港、牡丹江港、呼玛港、绥滨港、虎林港、密山港、肇东港、兰西港、杜蒙港	哈尔滨港、佳木斯港
吉林省	12	内河港	松原港、大安港、吉林港、丰满港、五棵树港、扶余港、蛟河港、桦甸港、集安港、龙湖港、苇沙河港、延边港	
辽宁省	6	海港	大连港、丹东港、营口港、盘锦港、锦州港、葫芦岛港	大连港、丹东港、营口港、锦州港

表 3-2　东北地区规模以上港口地位　　　　　　　（单位：%）

港口类型	货物吞吐量占东北地区的比重	货物吞吐量占全国的比重	集装箱吞吐量占东北地区的比重	集装箱吞吐量占全国的比重
内河港	0.32	0.09	0.00	0.00
海港	99.68	11.37	100.00	9.45

资料来源：《中国交通运输统计年鉴 2016》

一、黑龙江省港口

黑龙江水系流域内物产资源丰富，粮食、木材、煤炭是水路运输中的大宗货物。历史上，黑龙江省航运业代表性的港口为哈尔滨港、佳木斯港和依兰港。其中，哈尔滨港是东北内河第一大港，始建于松花江中游傅家甸，经过多年开发建设成为黑龙江水系腹地水陆交通枢纽，黑龙江民族航运业兴盛时期，哈尔滨港的年吞吐量可达黑龙江水系航运总装运量的90%；佳木斯港是松花江流域腹地与界江的中转港，佳木斯港位于松花江下游三江平原，由一个赫哲族村庄发展成为船埠，随着三江平原地区垦荒及农业的发展，佳木斯港成为粮食集散地；依兰港是松花江干流中继港，位于松花江与牡丹江汇合处，进出口货物以粮食、木材、麻袋、食盐、煤油、杂货为主，是黑龙江水路交通的枢纽，具有重要的经济地位（秦玉瑞，1988）。

黑龙江省共有17个港口，主要分布于松花江干流航线和黑龙江干流航线，其中哈尔滨港和佳木斯港为全国主要内河港，齐齐哈尔港、肇源港、漠河港、黑河港、嘉荫港、萝北港、饶河港、牡丹江港为地区重要内河港（其余7个港口为一般内河港）（表3-3）。2017年，黑龙江省港口完成货物吞吐量1351.4万吨，其中外贸吞吐量72.1万吨[①]。吞吐货物主要为矿建材料、煤炭、木材和油品（表3-4）。

表 3-3　2017 年黑龙江省全国主要内河港和地区重要内河港条件

港口名称	泊位数/个	设计货物年综合通过能力/万吨	货物吞吐量/万吨
哈尔滨港	102	428	542.57
佳木斯港	81	691	360.51
齐齐哈尔港	4	10	60.03
肇源港	3	79	134.92
漠河港	—	—	—
黑河港	24	108	74.14
嘉荫港	5	35	4.03
萝北港	4	37	8.92
饶河港	5	10	35.34
牡丹江港	2	—	—

资料来源：《中国港口年鉴 2018》

---

① 《中国港口年鉴 2018》。

表3-4 2017年黑龙江省港口分货类吞吐量

货物类型	矿建/万吨	煤炭/万吨	木材/万吨	油品/万吨	集装箱/万标准箱	汽车/万辆
吞吐量	922	101.5	34.8	7.4	0.6	0.9

资料来源:《中国港口年鉴2018》

二、吉林省港口

吉林省内虽然江河较多,但是由于坡降较大、水势湍急、流量无常等,能够行船的航道很少,加之吉林省行政区划变更、开发较晚等,航道变化较大(吉林省地方志编纂委员会,2003),因此同比辽宁省和黑龙江省,吉林省港航水运不发达。

吉林省航道通航里程为1621.06公里,拥有港口12个,码头泊位31个,主要分布于松花江干流、嫩江干流、鸭绿江水系和图们江水系,港口条件较差,仅大安港有5个1000吨级码头泊位。2017年,港口货物吞吐量合计15.7万吨,货物吞吐为以砂石和煤炭为主的干散货[①]。

三、辽宁省港口

辽宁省航运发展历史悠久。内河航运主要分布在辽河水系和鸭绿江水系,其中辽河干流航运曾在历史上呈现繁盛态势,后因铁路兴起、通航条件恶化而逐渐衰败。海洋运输历史悠久,与隔海相望的山东半岛自古就有海上交通往来,沿海帆船运输多年呈持续发展态势。中华人民共和国成立以来,辽宁省现代海洋航运发展迅速,运力不断增加,地位不断增强,已成为东北地区航运的主体(辽宁省地方志编纂委员会办公室,1999)。

辽宁省共有大陆海岸线2292公里,岛屿海岸线628公里,是东北地区唯一拥有海港的省份,共有大连港、营口港、锦州港、丹东港、葫芦岛港、盘锦港6个港口(表3-5);拥有寺儿沟港区、大港港区、黑咀子港区、香炉礁港区、甘井子港区、大石化港区、和尚岛西区、和尚岛东区、北良港区、散矿中转港区、鲇鱼湾港区、大窑湾港区、营口港鲅鱼圈港区、锦州港东部港区、丹东港

---

① 《中国港口年鉴2018》。

大东港区、葫芦岛港绥中港区 16 处规模化港区，基本形成以大连港和营口港为主的发展格局①。2017 年，辽宁省沿海港口货物吞吐量为 11.3 亿吨，其中集装箱吞吐量为 1949.8 万标准箱。

表 3-5 2017 年辽宁省港口条件

港口名称	泊位数/个	设计货物年综合通过能力/万吨	货物吞吐量/亿吨	集装箱吞吐量/万标准箱
大连港	223	32 000	4.55	970.7
丹东港	48	5 016	1.42	93.7
营口港	86	—	3.60	627.8
盘锦港	21	—	0.34	41.7
锦州港	23	10 000	1.05	121.8
葫芦岛港	32	2 984	0.26	1.5

资料来源：《中国港口年鉴 2018》和《辽宁统计年鉴 2018》

第二节 东北地区港口历史演进

与中国南方沿海港口的形成与发展相比，东北地区港口的发展历史相对短暂，且近代港口的形成与演进具有显著的殖民特征。总体上表现出：随着铁路的兴起，内河港衰退；港口类型由河口港向海港转变；重要港口布局由沿辽河两岸向沿海岸线转变；中心港口由以营口港为中心向以大连港为中心转变。

一、港口体系构成

港口是具有一定的港航设施和条件，能进行船舶停靠、旅客上下、货物装卸等作业的地方，在一定地域范围内一系列这样规模不等、功能各异、相互联系的港口所组成的有机整体即港口体系（肖青，1999；曹有挥，1995；金银云和孙霄峰，2003）。港口往往体现行政区划属性，从这一界定出发，将港口从

---

① 辽宁省人民政府办公厅关于印发辽宁省沿海港口布局规划的通知[EB/OL]. http://www.ln.gov.cn/zfxx/zfwj/szfbgtwj/200805/t20080520_204442.html[2019-05-20].

物理形态上加以解构，则港口一般由泊位、码头、港区等组成，在空间上往往散布于其所依托的港口城市行政地域所辖的海岸线上，有的是连续的，有的是不连续的。

（一）港口组成结构

改革开放以来，经过多年的建设与发展，东北地区海港已形成由 6 大港口、16 处规模化港区、50 余处港区/码头，246 个 1000/300 吨级及以上生产用海轮/内河码头泊位构成的港口群体，总体上基本形成以大连港为极化中心的格局。2008 年，在规模化港区方面，大连港占比为 75%；在规模以上泊位数量方面，大连港占比为 61%；在港口泊位长度方面，大连港占比为 61%（表 3-6）。2017 年，港口生产性泊位为 421 个，泊位长度达 81 896 米，大连港仍居核心地位，泊位数量占比为 53%[1]。

表 3-6　2008 年东北地区海港组成结构

港口名称	规模化港区/个	规模以上泊位数量/个	泊位长度/米
大连港	12	150	30 356
营口港	1	51	10 231
丹东港	1	17	2 885
锦州港	1	17	4 333
葫芦岛港	1	6	1 117
盘锦港		5	440

资料来源：中华人民共和国交通运输部（2010）；《辽宁省沿海港口布局规划》

注：数据统计口径为 1000/300 吨级及以上生产用海轮/内河码头泊位

（二）港口规模结构

港口规模由通过该港口的各种物质流决定，主要体现为人流和货流的规模，取决于港口经济腹地的情况（如产业结构、区域发展水平、市场体系等）和港口的活性（如进出口贸易量、购买能力、消费水平等）。

借用城市规模分布研究中的首位律理论，以最大港口与第二位港口吞吐量

---

[1]《中国港口年鉴 2018》。

的比值来反映港口首位度，可以发现东北地区港口的规模结构总体上呈以大连港为首位港口的态势。其中，货物吞吐量首位度为 1.26，集装箱吞吐量首位度为 1.55，水运客运量首位度为 4.77。按照首位律理论，首位度指数为 2 较为合理，可见港口体系货物吞吐量首位度相对较低，首位港口对港口体系的辐射带动能力较弱；水运客运量出现明显的极化，集中于首位港口大连港（表 3-7）。

表 3-7 2017 年东北地区海港规模

港口名称	货物吞吐量/亿吨	集装箱吞吐量/万标准箱	水运客运量/万人次
大连港	4.55	970.70	420.00
营口港	3.60	627.80	—
锦州港	1.05	121.77	—
丹东港	1.42	93.70	87.98
葫芦岛港	0.26	1.47	43.99
盘锦港	0.34	41.70	—

资料来源：《中国港口年鉴 2018》和《辽宁统计年鉴 2018》

（三）港口功能结构

港口功能结构即码头的职能结构，包括集装箱码头、矿石码头、煤码头、油码头、散货码头、粮食码头、客运码头等。受腹地经济和产业结构特点的影响，东北地区港口功能以石油天然气及制品、煤炭及制品、金属矿石的运输为主。2017 年，石油天然气及制品吞吐量为 15 598.03 万吨，煤炭及制品吞吐量为 6559.71 万吨，金属矿石吞吐量为 9177.93 万吨，分别占货物吞吐总量的 13.86%、5.83%、8.15%[①]。围绕金属矿石及钢铁的运输，港口体系总体上形成以营口港、大连港、丹东港和锦州港为主的钢铁调出格局，以大连港为主的钢铁调入格局，以大连港、营口港和丹东港为主的外贸铁矿石接卸格局（吴运杰，2017）。

大连港是我国主要的对外贸易口岸之一，是东北地区面向世界最便捷的海上门户，是货物中转远东、南亚、北美和欧洲的最佳港口之一。作为东北地区

---

① 《中国港口年鉴 2018》。

的首位门户港与枢纽港，大连港区域地位高、港口功能综合性强，经港口大规模转运的货种主要有滚装、集装箱、油品、金属矿石、煤炭、化工品、粮食等（表3-8），2017年这7个货类吞吐量占总吞吐量的比重为90.9%[1]。2017年，大连港滚装货物吞吐量占全港吞吐量的比重为31.3%，其中滚装汽车运输处于垄断地位，统计显示东北地区海运内外贸车辆100%从大连港转运[2]。另外，大连港集装箱运输地位突出，2017年大连港完成集装箱吞吐量970.7万标准箱，居全国第八位，东北地区98.5%以上的外贸集装箱经大连港转运[3]。

表 3-8 2017 年大连港主要货种吞吐量 （单位：万吨）

货物分类	煤炭	油品	金属矿石	钢铁	粮食	滚装	化工品	集装箱
吞吐量	1 506	7 601	2 896	977	1 366	14 238	1 908	11 845

资料来源：《中国港口年鉴 2018》

营口港是以沈阳为中心的辽宁中部城市群[4]最近的出海口，是东北地区重要的海上门户，营口港的主要货种有金属矿石、矿建材料、石油天然气及金属制品、钢铁等（表3-9）。其中，金属矿石、矿建材料、石油天然气及金属制品类的货物吞吐具有较大规模及较为重要的区域意义，吞吐量比重分别为12.33%、9.08%、8.7%（吴运杰，2017）。另外，营口港集装箱运输地位仅次于大连港，2017年营口港集装箱吞吐量达627.8万标准箱，居全国第九位，其中内贸集装箱航线运量占东北地区港口运量的2/3[5]。

表 3-9 2015 年营口港主要货种吞吐量 （单位：万吨）

货物分类	煤炭	石油天然气及金属制品	金属矿石	钢铁	粮食	机械、设备、电器	矿建材料
吞吐量	1895.7	2943.7	4173.4	2564.1	672.7	1083.9	3072.6

资料来源：吴运杰（2017）

锦州港是辽西地区和内蒙古赤峰等地最便捷的出海口岸，港口货物吞吐以煤炭、石油、金属矿石、粮食等大宗散货和集装箱为主（表3-10）。

---

[1] 《中国港口年鉴 2018》。

[2] 《中国港口年鉴 2018》。

[3] 《中国港口年鉴 2018》。

[4] 辽宁中部城市群是指由沈阳、鞍山、抚顺、本溪、辽阳、铁岭和营口 7 个城市组成的区域。

[5] 《中国港口年鉴 2018》。

表 3-10　2015 年锦州港主要货种吞吐量

货物分类	煤炭/万吨	石油/万吨	金属矿石/万吨	粮食/万吨	集装箱/万标准箱
吞吐量	1175.9	960.6	588.9	550.1	81.9

资料来源：吴运杰（2017）

丹东港是东北东部地区新的出海大通道，货物吞吐以大宗散货为主，主要货种有金属矿石、煤炭及制品、钢铁等（表 3-11）。

表 3-11　2015 年丹东港主要货种吞吐量

货物分类	煤炭及制品/万吨	金属矿石/万吨	钢铁/万吨	集装箱/万标准箱
吞吐量	1364.0	1669.7	751	182.9

资料来源：吴运杰（2017）

葫芦岛港主要服务于葫芦岛大中型企业和农业，港口货运规模较小，货物吞吐主要货种有煤炭、铁矿、钢材等（表 3-12）。

表 3-12　2015 年葫芦岛港主要货种吞吐量　　（单位：万吨）

货物分类	煤炭	铁矿	钢材	油品	磷矿	工业盐	粮食
吞吐量	257.0	61.0	33.3	25.9	18.1	16.5	16.3

资料来源：吴运杰（2017）

盘锦港货运主要服务于盘锦产业需求，货物吞吐主要货种有煤炭及制品、石油天然气及制品、金属矿石、件杂货等（表 3-13）。

表 3-13　2015 年盘锦港主要货种吞吐量　　（单位：万吨）

货物分类	煤炭及制品	石油天然气及制品	金属矿石	钢铁	件杂货
吞吐量	645.6	503.0	244.7	44.6	104.1

资料来源：吴运杰（2017）

二、港口体系空间结构变化

鉴于东北地区港口区域地位及未来发展趋势特征，仅考察东北地区海港的空间结构变化，以大连港、丹东港、营口港、盘锦港、锦州港、葫芦岛港六个海港为对象。

（一）港口体系空间关系评价

港口之间空间关系的量化分析主要是基于对港口货流集中程度的评价，在此采用基尼系数定量测度和分析港口体系空间结构的变动方向和强度。具体公式为（曹有挥，1999）

$$G = 0.5\sum_{i=1}^{n}|x_i - y_i| \qquad (3\text{-}1)$$

式中，G 为基尼系数；n 为港口体系内的港口数；x_i 为港口 i 的货物吞吐量占港口体系货物吞吐总量的比重；y_i 为当货物吞吐量绝对均匀分布时港口 i 的吞吐量占港口体系货物吞吐总量的比重，即 $y_i = 1/n$。G 值越大，表明港口体系内货流分布越不均衡，港口体系空间结构趋向集中；G 值越小，表明港口体系空间结构越趋于分散。当 $G=0$ 时，表明港口体系内各港口的吞吐量相等，港口体系空间结构趋于绝对均衡态势。

一般认为，货物吞吐量、旅客吞吐量、固定资产总值、利润总额等指标可以从不同方面表征港口的布局。其中，货物吞吐量是一个综合性较强的指标，因此选择各港口货物吞吐量作为分析的基本指标。鉴于盘锦港于 1997 年最后正式通航并设立口岸，标志着海港港口体系格局的基本形成，因此选择 1998～2017 年的数据作为样本值。

基础数据主要依据《中国港口年鉴》（1999～2018 年）中的统计数据。另外，对于欠缺的数据以各港口依托城市的当年《国民经济和社会发展统计公报》公布的数据作为补充。

将相关数据代入式（3-1），计算结果如表 3-14 和图 3-1 所示。

表 3-14　1998～2017 年港口体系基尼系数

年份	基尼系数	年份	基尼系数
1998	0.5904	2003	0.5321
1999	0.5782	2004	0.4878
2000	0.5500	2005	0.4818
2001	0.5592	2006	0.4946
2002	0.5322	2007	0.4980

续表

年份	基尼系数	年份	基尼系数
2008	0.4816	2013	0.4064
2009	0.4776	2014	0.3942
2010	0.4608	2015	0.3850
2011	0.4297	2016	0.3902
2012	0.4297	2017	0.3934

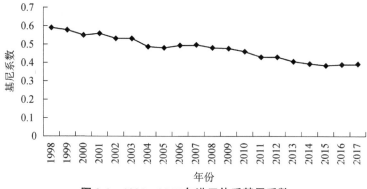

图 3-1　1998～2017 年港口体系基尼系数

（二）港口体系空间结构动态特征

从变化轨迹上看，虽然个别年份有一定的起伏波动，但港口体系的空间结构变化总趋势是趋于分散，基尼系数由 1998 年的 0.5904 下降到 2017 年的 0.3934。这与我国沿海港口体系和环渤海港口体系空间结构的变化呈现出相同的趋势（图 3-2 和图 3-3）。

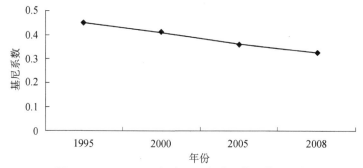

图 3-2　1995～2008 年我国沿海港口体系基尼系数

资料来源：谢燮（2010）

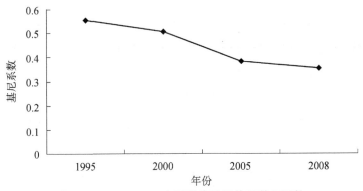

图 3-3　1995～2008 年环渤海港口体系基尼系数

资料来源：谢燮（2010）

从集中程度上看，港口体系的集中度相对较高。例如，2008 年，港口体系基尼系数为 0.4816，同期我国沿海港口体系基尼系数为 0.3270，环渤海港口体系基尼系数为 0.3560（谢燮，2010）。这从侧面反映出，大连港在港口体系中的核心地位较我国及环渤海港口体系中核心港口的地位高，但是大连港的这种中心地位逐渐被后起的港口所蚕食，集中程度不断降低。例如，2008～2017 年，大连港的货物吞吐量年均增长率为 7.08%，而营口港、锦州港、丹东港和葫芦岛港的货物吞吐量年均增长率分别为 10.24%、9.30%、17.66% 和 13.99%[①]。其中营口港，由于鲅鱼圈港区具有较好的港口条件以及辽宁中部城市群和东北地区便捷出海口的区位，营口港的货物吞吐尤其是集装箱吞吐已对大连港形成强大的分流。

（三）港口体系空间结构变化趋势

1. 分散化是空间结构演化的基本趋势

从变化趋势上看，G 值呈降低趋势，即各港口在地域空间上货流分布趋于均衡，港口体系空间结构变化的总体趋势趋于分散（表 3-14）。与同期环渤海港口体系和我国沿海港口体系的空间结构特征相比，港口体系空间结构的分散

---

① 《中国港口年鉴 2009》和《中国港口年鉴 2018》。

化是在集中程度相对高的基础之上进行的。集中度高，有利于发挥港口体系的整体效益和大型枢纽港的综合功能，进一步形成合理的港口规模结构与职能结构。随着社会主义市场经济体制的日趋完善，大型基础设施的规模经营和区域一体化，将日益受到重视并成为港口体系发展的优势所在。这一相对较高的集中度水平，显示出东北地区港口体系的结构性优势，因此未来也应促进港口体系空间结构趋向集中发展。

2. 分散化的速度保持较平稳态势

从变化幅度上看，港口体系空间结构分散化的变化幅度较小。按照这一态势，未来一段时间内也将保持较平稳态势。究其原因在于，港口体系空间结构集中力与分散力的较量与抗衡。一方面，随着大连东北亚国际航运中心建设的不断深入，大连港实力将不断加强，区域中心地位日益强化，尤其是作为港口体系的核心港口在环渤海港口体系和我国沿海港口体系中的地位日益增强；另一方面，辽宁省"五点一线"战略的实施以及辽宁沿海经济带的建设，促进了六大港口跨越式的发展，各港口实力普遍增强，尤其是港口发展基础相对较差的锦州港、盘锦港和葫芦岛港得以迅速发展，使港口货流向大连港以外的港口分流，从而产生了对抗大连港集中力的分散力。

第三节　东北地区港口竞争格局及变化

一、东北地区港口竞争格局

单纯意义上的港口竞争主要是对货源的竞争，即对经港口处理的货流的竞争。按照竞争尺度，这种竞争可分为不同港口群之间的竞争、同一港口群内不同港口之间的竞争、同一港口内不同港口企业间的竞争、同一港口企业内不同码头之间的竞争。随着内河港口的衰落，东北地区港口竞争主要表现为沿海港口之间的竞争。

多年来，东北地区沿海港口体系一直呈大连港一枝独秀的局面。在国家对环渤海地区的港口规划中，大连港被定位为东北亚国际航运中心，并试图将大连港建设为干线港，统领沿海其他各港口。但是，在市场机制作用下，各港口的发展并未循规蹈矩，尤其是营口港的异军突起，日益冲击着大连港的区域中心港口地位，客观上促进了各港口的分化与整合。

从港口综合竞争力方面来看，在2008年中国港口综合竞争力指数排行中，大连港居第七位，营口港居第九位，营口港的实力基本上与大连港形成鼎立的局面（图3-4）。其中，作为重新振兴的营口港，其与经济腹地的陆上距离比大连港近200公里，在海上运费及港区作业成本相当的情况下，营口港陆上运输成本节约显著优于大连港。例如，在相同条件下，集装箱陆路运输成本营口港较大连港节约1500元/标准箱左右，钢材、铁矿石等散货运输成本节约10~20元/吨，综合运输成本相对较低（纪敏，2008）。据统计，2008年东北经济区大约生成4.3亿吨的自由货量，按照这一运量规模，货物运输经由营口港较经由大连港的陆上运输成本可节约40亿元左右（陈晓颖和鲁小波，2010），营口港的运输区位优势显而易见。凭借这一优势，营口港正极大地袭夺着大连港的直接经济腹地。例如，沈阳将营口港作为出海口向海上发展，鞍山钢铁集团有限公司等大规模交通运输依托企业的入驻等，使营口港成为沈阳经济区和辽宁中部城市群对外联系的核心门户，区域地位的不断提升也为营口港提供了源源不断的货源。

从港口吞吐量规模来看，港口吞吐量规模体现为三个层次（表3-15）：位于第一层次的是位居全国十大港口行列的大连港和营口港，货物吞吐量占东北地区沿海港口吞吐量的72.64%，集装箱吞吐量占东北地区沿海港口集装箱吞吐量的86.07%，两港腹地交叉重叠，竞争显著；位居第二层次的是锦州港和丹东港，货物吞吐量达亿吨级别，集装箱吞吐量达百万标准箱级别，是具有区域意义的中等规模港口，二者直接腹地交叉小，港口之间竞争较小；位于第三层次的是葫芦岛港和盘锦港，货物吞吐量和集装箱吞吐量规模较小，是地区意义的小规模港口，虽然区位上隔辽东湾相望，空间距离不足100公里，但二者之间基本无货流竞争。

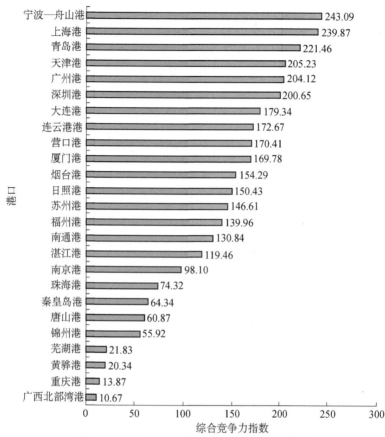

图 3-4 2008 年中国港口综合竞争力指数排行

资料来源：2008 年中国港口综合竞争力排行榜

表 3-15 2017 年东北地区沿海港口吞吐量

港口名称	货物吞吐量/亿吨	货物吞吐量比重/%	集装箱吞吐量/万标准箱	集装箱吞吐量比重/%
大连港	4.55	40.55	970.70	52.27
营口港	3.60	32.08	627.80	33.80
锦州港	1.05	9.36	121.77	6.56
丹东港	1.42	12.66	93.70	5.04
葫芦岛港	0.26	2.32	1.47	0.08
盘锦港	0.34	3.03	41.70	2.25
合计	11.22	100.00	1857.14	100.00

资料来源：《中国港口年鉴 2018》

从港口货种结构来看（表3-16），大连港和营口港的货种构成较为多元化，各货种均具有较大规模的吞吐量，石油天然气及制品、原油、粮食、机械设备电器、化学原料及制品、其他等的吞吐量处于优势地位。其他、石油天然气及制品、原油、金属矿石、化学原料及制品等是大连港货物吞吐的重点。其他、石油天然气及制品、金属矿石、矿建材料、钢铁、原油、机械设备电器等是营口港的优势货种，其中矿石、钢铁和镍矿吞吐量占东北地区港口市场的比重分别达72.7%、62.3%和85.5%（吴运杰，2017）。随着近年的快速发展，营口港迅速建立了一套相对完善、便捷、高效的集疏运系统，由于矿石等货种转运单价低，营口港凭借运输成本优势，在各类矿石运输方面与大连港形成了显著的竞争，袭夺了大连港的部分货流，尤其是随着鞍山钢铁集团有限公司落户营口港后，几乎颠覆了大连港矿石码头的中心地位。锦州港的盐、化学肥料及农药的运输具有相对的区域意义，其他、石油天然气及制品、粮食、煤炭及制品等的转运也具有一定规模，其中石油天然气及制品和粮食的吞吐是其自身结构的重点，也是大连港和营口港谋求战略整合从而提升地位的原因。丹东港具有突出区域意义的货种是矿建材料、农林牧渔业产品、木材和有色金属，其他、矿建材料、金属矿石、煤炭及制品是港口货流的主体。另外，葫芦岛港和盘锦港的货种结构相对单一，运量规模相对较小，主要是针对地方企业的煤炭及制品运输以及石油天然气及制品运输，其中葫芦岛港的主要货种为煤炭及制品，盘锦港的主要货种为煤炭及制品、石油天然气及制品。

表3-16　2015年规模以上港口主要货种吞吐量　（单位：万吨）

货种	大连港	营口港	锦州港	丹东港
煤炭及制品	1 395.4	1 986.2	735.5	1 392.7
石油天然气及制品	7 844.3	4 384.0	889.4	40.0
原油	4 851.9	2 684.6	549.7	—
金属矿石	1 935.7	3 719.2	579.5	1 690.3
钢铁	853.8	2 468.0	174.3	753.7
矿建材料	640.7	3 352.5	7.1	5 165.5
水泥	136.7	24.0	—	21.5
木材	36.9	0.7	—	74.3
非金属矿石	83.5	342.1	25.1	70.3
化学肥料及农药	4.4	147.6	78.3	40.6
盐	57.3	26.2	75.3	34.2

续表

货种	大连港	营口港	锦州港	丹东港
粮食	908.7	930.4	738.5	363.5
机械设备电器	483.8	1 099.3	0.4	103.0
化学原料及制品	1 589.2	92.7	53.9	22.8
有色金属	0.4	1.0	11.1	21.1
轻工、医药产品	1.3	118.5	14.8	49.3
农林牧渔业产品	78.4	56.9	0.4	291.9
其他	27 609.5	16 467.6	5 565.7	5 653.5

资料来源：《中国交通运输统计年鉴 2016》

东北地区沿海港口体系总体上形成了以大连港和营口港为主、锦州港和丹东港为辅、葫芦岛港和盘锦港为补充的发展格局。港口竞争下形成了一定的分工，其中大连港以集装箱干线运输为主体，重点是石油天然气及制品、原油、金属矿石、化学原料及制品、煤炭及制品、粮食、商品汽车等大宗货物中转运输；营口港以内贸集装箱、钢材、矿石运输为主体，拓展石油天然气及制品、原油、机械设备电器、粮食运输；丹东港以矿建材料、农林牧渔业产品、木材、有色金属等货种运输为主，发展内贸集装箱运输；锦州港以石油天然气及制品、粮食、煤炭及制品运输为主，兼有内贸集装箱运输；葫芦岛港以煤炭及制品运输为主体，兼有服务电厂、油田的专业化原料运输；盘锦港以面向油田及石油产业的石油天然气及制品运输为主体。

二、东北地区港口竞争格局变化

物质的流通作为港口生存的根本，决定了竞争是港口之间，尤其是临近港口之间关系的永恒话题。基于规模效应原理，港口作为一个经济活动主体，对港口货流规模收益的追求，必然导致区域内各港口对物质流的竞争。

货物吞吐量能够反映港口的综合水平，集装箱吞吐量能够反映港口的现代化水平。采用区域经济学中的偏移-分享技术（曹有挥等，2004），以 2007～2016 年的港口货物吞吐量和集装箱吞吐量为基础数据，考察东北地区沿海港口体系的竞争格局及变化。评价采用的公式为

$$P = J - F = x_{it_1} - \left(\frac{\sum_{i=1}^{n} x_{it_1}}{\sum_{i=1}^{n} x_{it_0}} \right) \times x_{it_0} \tag{3-2}$$

式中，P 为港口 i 在（t_0，t_1）的偏移增长量，这里计算为本年与上一年的偏移增长量；J 为绝对增长量；F 为分享增长量；n 为港口数目；x_i 为港口 i 货物吞吐量或集装箱吞吐量。P 为正值说明港口处于竞争优势，P 为负值说明港口处于竞争劣势。

将《中国港口年鉴》（2009～2018 年）的统计数据作为基础数据，计算得到各港口偏移增长量如表 3-17 和图 3-5 所示。

表 3-17　各港口体系偏移增长量

时间	大连港	营口港	锦州港	丹东港	葫芦岛港	盘锦港
2007～2008 年	−1560.52	762.55	598.98	190.45	−59.47	68.00
2008～2009 年	−702.43	480.94	−102.11	366.15	−54.57	12.03
2009～2010 年	−1854.54	983.79	−419.08	498.93	1087.94	33.55
2010～2011 年	−2730.51	−13.22	612.56	1250.64	266.53	230.52
2011～2012 年	−633.34	639.85	−1210.07	979.92	−838.75	1062.39
2012～2013 年	−845.82	−1445.16	359.33	1343.77	−457.67	1045.54
2013～2014 年	−606.77	−666.73	526.74	1090.71	−313.30	−30.65
2014～2015 年	−1341.82	381.64	−441.51	1117.95	6.04	277.70
2015～2016 年	590.89	−26.02	−620.66	140.60	505.99	−590.79
2016～2017 年	374.11	−16.07	1290.14	−2078.29	66.74	363.37

资料来源：《中国港口年鉴》（2009～2018 年）

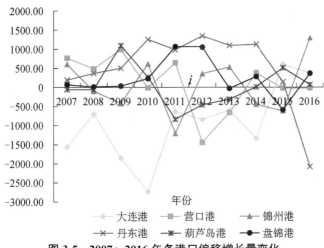

图 3-5　2007～2016 年各港口偏移增长量变化

从港口竞争格局变化来看，2007～2014 年大连港呈负偏移增长，2015年以后呈正偏移增长，表现出竞争优势；营口港、锦州港和葫芦岛港多年偏移变化波状起伏；丹东港和盘锦港总体上呈正偏移增长，尤其是丹东港在2016 年以前表现出较为稳定与突出的竞争优势。作为港口体系中的两个大规模港口，大连港和营口港在多年竞争发展过程中总体上表现出此消彼长的态势，当大连港表现出竞争优势时，营口港表现出竞争劣势。一方面，营口港虽然临近大连港，但是在港口货物竞争中多年保持明显优势，营口港在客观上对大连港货物吞吐已经形成明显的分流；另一方面，大连港虽然多年作为东北沿海港口体系的中心港口，其货物吞吐的极化效应却日益被削弱。另外，丹东港和盘锦港的经济腹地及货种构成与大连港和营口港交叉较小，港口服务对腹地的方向性与专业性较强，随着港口本身的建设以及腹地经济水平的提升，总体上表现为较为稳定的正向竞争优势；锦州港和葫芦岛港偏移变动相对复杂，源于新兴港口与周边港口尤其是营口港与大连港的关系尚未稳定。

从港口体系整合变动关系来看，尤其是进入 21 世纪以来，随着营口港向海岸推移和迅速发展，东北地区沿海港口体系竞争格局由大连港一港极化转变为大连—营口双核心的竞争格局，这种竞争表现在与锦州港的整合发展中尤为明显。锦州港地处辽西地区，直接腹地面向广大辽西地区及蒙东地区，与辽东半岛各港口腹地交叉小，互补性强，同时距中心城市沈阳的距离与营口相当，腹地优势十分优越。另外，锦州港虽然港口事业起步较晚，但是发展迅速，2007～2017 年港口货物吞吐量年均增长率为 11.58%，其中集装箱吞吐量年均增长率为 10.45%[①]，在 2008 年中国港口综合竞争力指数排名中，锦州港位居第 21 位，实力明显优于丹东港、葫芦岛港和盘锦港。在沿海港口资源整合的背景下，对锦州港的掌控成为大连港和营口港竞争的焦点。随着一系列以各大港口集团为主体以及政府推动与支撑的框架协议的签署，在资本市场、港口物流、港口及海域开发的基础上，东北地区沿海港口体系的整合总体上形成了以

---

① 《中国港口年鉴 2008》和《中国港口年鉴 2018》。

大连港整合锦州港、丹东港、葫芦岛港以及营口港整合盘锦港的一大一小两个集团的格局。2018 年底，辽宁东北亚港航发展有限公司更名为辽宁港口集团有限公司，大连港与营口港整合重组，标志着东北地区沿海港口资源进入深度整合期，各港口之间开展一体化运作。

第四节　东北地区典型港口发展

一、大连港

大连港是我国北方重要的交通枢纽和沿海主要港口。

远在春秋战国时期，大连地区就被用作屯粮集军和沿海通道。鸦片战争爆发后，1857 年英法联军侵占大连湾，称之为"阿沙港"，后改为"维多利亚港"，1878 年，清政府在柳树屯筑炮台、设栈桥、修筑军港，并称附近一带为大连港（曲晓范，2001）（表 3-18）。

表 3-18　大连港发展历程

时间	标志事件
1857 年	英法联军侵占大连湾，称之为"阿沙港"
1878 年	清政府在柳树屯筑炮台、设栈桥、修筑军港，称附近一带为大连港
1899 年	商港性质的大连港在沙俄统治下始建
1899～1905 年	沙俄统治时期
1905～1945 年	日本统治时期
1945～1950 年	苏联代管时期
1951 年	大连港回归中国管理
2003 年	大连港从交通部下放地方管理，实行政企分开，组建大连港集团
2005 年	组建大连港股份有限公司

资料来源：曲晓范（2001）；吴运杰（2017）

现代意义上具有口岸职能的大连港正式建港于 1899 年，始建之时的大连港位于辽东半岛东南顶端。1898 年，沙俄强迫清政府签订《旅大租地条约》，租借北起普兰店、南至貔子窝一线 3462 平方公里的土地。翌年，沙俄开始在青泥洼和黑咀子一带修筑港口，并于 1903 年开始通航。日俄战争之后，沙俄战败，由日本接管并建设经营大连港。1906 年日本在西方列强的压力下宣布大连港为自由港。1907 年受日本所迫，清政府正式在大连设立海关。日本侵占大连港达 40 年之久，并对大连港进行规划性的建设以作为日本掠夺东北资源与侵略我国的"基地"。几十年间，大连港的基础设施在我国达到一流水平，至 1939 年，大连港共建成四个凸堤码头和甘井子煤码头、油码头、寺儿沟危险品码头，并整修了黑咀子码头，配套与广大东北腹地联系的南满铁路运输干线以及一系列刺激港口发展的优惠政策，此时大连港的年吞吐能力达 1200 万吨，最高吞吐量完成 1027 万吨（1939 年），超过当时日本主要港口的吞吐量，成为远东地区最大的自由贸易港之一（王淑琴等，1992；梁喜新等，1993）。

大连港在如此短的历史时期内迅速崛起，后来居上，在国内外港口发展史中是少见的，究其根源得益于以下四个方面的动力因素。第一，优越的自然条件。自然条件是港口建设的基础，港口的开发与建设需要综合考虑岸线、水深、水文、水温、气象、航道、地质等方面的影响，大连港是我国少有的天然深水良港，海岸线绵长，港湾众多，湾宽水深，气候冬暖夏凉少浓雾，港区不淤不冻浪稳，极其有利于发展港航事业。第二，广阔与富庶的经济腹地。腹地是港口建设的前提条件和赖以生存的根本，一方面广大的东北地区，土地肥沃、物产丰富，粮豆等农产品和林矿产品等是帝国主义列强角逐和争夺的焦点；另一方面东北地区市场广阔，是殖民者倾销工业商品的良好市场。基于此，大宗的货物运输与贸易，刺激与支撑了大连港的壮大。第三，便捷与高效的港口集疏运设施。集疏运条件体现港口的效率与影响力，与大连港同时启用的中东铁路（南满铁路），深入东北腹地，使大连港快速、高效地与腹地关联，降低了港口货物转运成本，提高了运输效益，从而依托铁路的建设吸引更多的腹地。第四，一系列的优惠政策。为了吸引腹地货物运输经由大连港转运，日本实行了一系列针对大连港的优惠政策。例如，1919 年以前，采取了大连中心主义的"不等价铁路运费"政策，1919 年以后，又创立了东北大豆出口的"混合保管运输管理制度"等，这些政策极大地改善了大连港的吸引功能，提高了大连港的货物流通效率，大连港逐渐替代营口港成为东北地区对外贸易的中心港。另外，自由港的身份与职能，使大连港对辽宁省其他港口也发挥了重要的货物中转枢纽作用。综上所述，这一时期，大连港在东北沿海港口体系中的中心地位已然确立，港口发展带有典型的殖民主义色彩。

中华人民共和国成立初期，受帝国主义的封锁，以及严峻的国际形势所迫，我国社会主义建设向三线地区转移，港口发展环境较殖民统治时期更加封闭与恶劣，港口建设一度停滞。例如，1951 年我国政府从苏联政府接管大连港时，港口吞吐量仅 272 万吨，客运量仅 36 万人次（梁喜新等，1993）。

随着对外开放政策的实施，港口特有的对外口岸优势被广泛重视，港口不断改建、扩建、新建，港航设施和集疏运设施不断完善。2017 年，大连港实现货物吞吐量为 4.55 亿吨，同比增长 4.3%，其中外贸货物吞吐量为 1.57 亿吨，同比增长 12.7%；完成集装箱吞吐量为 970.7 万标准箱，同比增长 1.3%，位居全球第 16 位，位居全国第 9 位，其中外贸集装箱吞吐量为 534.9 万标准箱，同比增长 2.8%[①]。

2003 年发布的《中共中央、国务院关于实施东北地区等老工业基地振兴战略的若干意见》（中发〔2003〕11 号）指出，充分利用东北地区现有港口条件和优势，把大连建成东北亚重要的国际航运中心[②]。这一政策的提出加速了大连港港口和集疏运体系的建设速度，加大了区域港口资源的整合力度，加快了健全与完善口岸信息系统的步伐，大连港口发展进入了前所未有的繁荣时期。但是，综合比较我国沿海港口的发展态势，与山东半岛、长江三角洲、珠江三角洲地区港口发展速度相比，大连港发展仍缓慢。从反映现代港口水平的集装箱吞吐量变化来看（图 3-6），2004 年以后集装箱吞吐量显著增加至 2014 年后开始回落，多年平均增长率为 12.05%。

---

① 《中国港口年鉴 2018》。
② 2003 年《中共中央、国务院关于实施东北地区等老工业基地振兴战略的若干意见》[EB/OL]. http://www. planning.org.cn/ news/view? id=4876[2019-05-20].

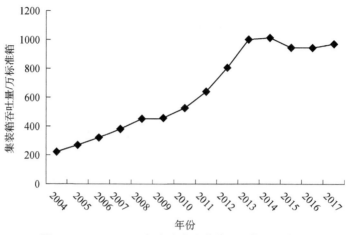

图 3-6　2004～2017 年大连港集装箱吞吐量多年变化

资料来源：《中国港口年鉴》（2005～2018 年）

　　大连港是大连东北亚国际航运中心的核心，是东北地区转运远东、南亚、北美、欧洲货物最便捷的港口，与 160 多个国家和地区、300 多个港口建立了海上经贸航运关系，至 2017 年底，大连港共有集装箱班轮航线 108 条，实现东北地区 98%以上的外贸集装箱经大连转运①。多年来，大连港在传统码头装卸、转运业务的基础上，逐渐向物流贸易、港航金融、港口地产、信息产业等方向转型，在"一带一路"倡议背景下，伴随多式联运示范工程建设，大连港拓展陆上国际物流通道，进一步扩大了腹地范围，提升了区域地位。

二、营口港

　　营口港是东北沿海地区最早形成的现代港口。在大连港、丹东港开港之前，营口港是东北地区唯一的对外交流门户，曾经以"东方贸易良港"闻名中外，现已发展成为一市两港，形成一大一小、一老一新港区，港口码头向海外移，由河口港逐渐向海港转变，并表现出由衰落到重生的一般港口演进过程与趋势。依据这一趋势，营口港的发展总体上可分为两个阶段：河口港阶段和海港阶段。

---

① 《中国港口年鉴 2018》。

河口港阶段可视为从 1861 年营口港开埠至 1981 年营口鲅鱼圈新港获批兴建。这一时期，营口港是指位于辽东湾顶部的东北角、辽河下游南岸河口处的营口老港，曾在东北地区航运和对外贸易中占有举足轻重的地位，其形成与发展伴随着辽河航运的兴衰。1858 年，英国迫使清政府签订《天津条约》，强行开放距辽河入海口 40 余公里处的牛庄为通商口岸。后因辽河下游河道迁徙，牛庄位置相对上移，且距入海口较远、河道淤塞，不便于大型船舶的航行与停靠，英国于 1861 年提出开放位置更为优越的营口替代牛庄为通商口岸，从而拉开了营口港现代发展的序幕。1864 年，营口港正式竣工通航，同时设立海关和领事馆，航运贸易日益繁盛。以营口港为枢纽，以辽河水运网络为纽带，营口港的航运腹地最远可拓展至距营口 724 公里处的昌图三江口。直至 20 世纪初期，作为东北地区唯一的对外通商口岸，直接经济腹地可辐射至辽宁省全境和吉林省、黑龙江省部分地区。大连港开港以后，营口港在与大连港的竞争中，逐渐丧失了经济腹地优势，加上受辽河水运条件恶化的影响，由原先的东北地区第一国际大港退化成专营国内贸易的地区性港口，东北地区的对外贸易中心也逐渐由营口转向大连。

海港阶段为自 1981 年国家计划委员会批准兴建营口鲅鱼圈港至今。营口鲅鱼圈港位于辽东半岛西侧熊岳河湾沿岸，向北距营口老港 6 公里，向西距秦皇岛港 241 公里，向南距大连港 290 公里，配合长大铁路、哈大公路等疏港交通线以及更接近东北广大内陆腹地的区位优势，营口港重新焕发出了勃勃生机。如今，营口港已成为我国沿海地区 20 个主枢纽港之一，2017 年货物吞吐量为 3.6 亿吨，位居全国第 8 位，集装箱吞吐量为 627.8 万标准箱，位居全球第 23 位、全国第 10 位，在东北地区仅次于大连港位居第 2 位[1]。其中，集装箱运输作为未来国际、国内贸易的主要运输方式，已成为衡量港口功能、地位的主要标志，营口港与辽宁中部城市群腹背相连，陆上集装箱集疏运区位优势优于大连港，尽管营口港开展集装箱业务较晚，但是发展很快，2017 年内贸集装箱航线已覆盖中国沿海 30 个主要港口，运量占东北地区港口的 2/3[2]。在

---

[1] 《中国港口年鉴 2018》。
[2] 《中国港口年鉴 2018》。

"一带一路"倡议背景下，营口港提出"TEU"战略，旨在形成营口港—中国东部及东北亚—中国南部并辐射大西南和东盟的海运通道。

三、丹东港

丹东港空间形式与营口港相似，也是一市两港，由位于鸭绿江口的河口港和位于黄海海滨的大东港海港组成。

丹东港始称安东港，其发展过程可追溯至 19 世纪中叶。作为东北东部的物资集散地和商品贸易中心，丹东港主要为鸭绿江流域木材、矿产、粮食的集散地。1906 年，清政府签订《中美通商行船续订条约》和《中日通商行船续约》等不平等条约，丹东港被迫开港，并于 1907 年成为对外贸易商港。殖民统治时期，丹东港的发展带有显著的地缘经济色彩和地缘政治关系的烙印。1903 年，日本修筑从丹东至沈阳的铁路；1905 年，丹东与朝鲜交界处陆路通商；1911 年，日本修筑鸭绿江铁桥连通东北与朝鲜铁路；1913 年始，日本实行"日满鲜"三线货运联运，即日本铁山阳线—朝鲜釜山至新义州线—中国东北安奉线三线联运，这一政策扩大了丹东港的腹地范围，推动了丹东港的发展；1920 年，丹东港超过营口港成为东北地区第二大港口，后因大连港的兴起，再加上河道泥沙淤积，逐渐不适应船舶大型化的趋势，丹东港逐渐萧条。虽然日本为扩大对东北地区的侵略与掠夺，于 1939 年兴建大东港港区，但是由于太平洋战争的爆发，港口建设陷于停滞。1950 年，朝鲜战争爆发，丹东港港航基础设施受到破坏和转移，一度封港。1954 年恢复航运之后，丹东港虽然也有所发展，但是规模一直不大，吞吐量停留在几十万吨水平。

1985 年，丹东港浪头港区经国务院和辽宁省政府批准开展国轮外贸业务，揭开了丹东港对外开放的序幕。1986 年，我国开始自行设计建设大东港港区，历时两年于 1988 年正式投产试运行第一个万吨级深水泊位，并正式对外国籍船舶开放，丹东港自此步入区域性贸易大港行列。2017 年，丹东港实现货物吞吐量为 1.42 亿吨，集装箱吞吐量为 93.7 万标准箱，核心港区位于大东港港区，不仅是大连港的支线港，还是对朝、对韩贸易与交往的重要通道①。

四、锦州港

锦州港位于渤海北部顶端，锦州湾内大笔架山西侧，古时以马蹄沟和天桥厂两处海口最为著名。明代后期，作为税粮运输和与南方地区粮食贸易的中转港口。康熙《锦州府志》记载，锦县、宁远、广宁南境，俱临海，而锦、宁、去海尤近。明时，海运商船，於此登岸（松浦章和冯佐哲，1989）。后港口发展因营口、大连、丹东等商埠的兴起和京奉铁路（包括山海关—新民段铁路）的通车而衰落。其依托的城市锦州扼辽西走廊的东端，地处关内关外联系的咽喉之地，自古是兵家必争之地，其陆路交通及货物的集疏运系统较为发达，而港口的作用未受到重视。

1985 年国家批准兴建锦州港，1986 年破土动工，历时四年于 1990 年正式通航，办理外贸运输业务并对外国籍船舶开放。虽然锦州港发展历史较为短暂，但是作为环渤海地区西北部海岸线上唯一全面对外开放的国际商港，现已定位为辽宁沿海经济带地区性重要港口。作为距中国东北中部和西部、内蒙古东部、华北北部乃至蒙古国、俄罗斯西伯利亚和远东地区陆域距离最近的进出海口，进入 21 世纪以来，锦州港根据国内外港航市场的发展趋势及腹地经济对港口的需求，大力建设深水泊位及配套设施，重点建设大型油品泊位、集装箱泊位、大吨位散杂货泊位。2017 年，锦州港完成货物吞吐量为 1.05 亿吨，主体为内贸货物运输，完成集装箱吞吐量为 121.77 万标准箱②。

五、葫芦岛港

葫芦岛港位于渤海西部的连山湾，处于辽宁西部海岸线的中心位置，在辽宁西部的众多港址中，是唯一港阔、水深、不淤、不冻、掩护条件好的优良港址，是辽宁西部的主要港口。

---

① 《中国港口年鉴 2018》。
② 《中国港口年鉴 2018》。

葫芦岛港所在地历史上为荒凉的渔村，港口修筑始于晚清时期。1908 年，东三省总督徐世昌聘请英国工程师休斯于葫芦岛海岸勘测选址，筹备开放葫芦岛为商埠，并于 1909 年兴工筑港，开始建设葫芦岛港。此后，港口经历民国、日伪和中华人民共和国成立后几个历史阶段的续建和修葺，经历了几次兴衰的发展过程。港口建成之始，葫芦岛港多作为军用，是我国重要的军用港口之一，对区域经济发展的作用甚微，并不具备现代港口的功能。改革开放以后，葫芦岛港开始从事民用营业性运输，港口实现由军港向商港的转型，货物营运业务延伸至上海、广东、福建等地，成为辽西地区重要的海上出口。此时，港口只作为内贸运输港口，不对外开放，但是已然促进了辽西地区区域经济的发展。

2000 年，葫芦岛海关正式挂牌成立，这标志着渤海湾的著名军港葫芦岛港的对外开放。作为国家一类口岸，中国国籍具有国际航行资格的船舶可以开展外贸运输业务；国内的远洋船舶从葫芦岛港出发，可抵达世界上任何国家和地区。东北地区的黑龙江、辽宁、吉林三省及内蒙古东部又增加了一个出海口，对促进东北地区的经济发展影响深远。2017 年，葫芦岛港完成货物吞吐量为 0.26 亿吨，集装箱吞吐量为 1.47 万标准箱，货种以原油、煤炭、铁矿石和玉米为主[1]。

六、盘锦港

盘锦港位于盘锦辽东湾新区，是渤海湾最北端的海上门户，是东北地区最近的海上出海口。盘锦码头的建设与发展由来已久，其中田庄台在明朝时期曾凭借辽河水运之利成为商业巨埠，是早于营口港的辽河航运最大的码头，清朝更是田庄台航运的鼎盛时期，被清政府称为"商贾辐辏之地"，备受重视。直至民国时期，田庄台至营口航运仍是繁忙，田庄台也成为东北地区南部经济、政治、文化中心和军事要地。另外，位于盘锦市辖区的辽滨码头早在 1858 年便由外商相继兴建，至 1900 年已成为东北地区进出货物的集散地，直至 1916

---

① 《中国港口年鉴 2018》。

年南满铁路株式会社在营口辽河南岸建港后始归中国经营。

中华人民共和国成立以来，伴随着石油资源的开发，盘锦的形成与发展一直定位为石油资源型城市，以至许多研究者认为盘锦并不属于港口城市。但是，随着改革开放的潮流以及辽宁沿海经济带的崛起，盘锦港航交通区位优势日益凸显，港口地位日益升高。

盘锦港于 1995 年正式开工建设，1997 年主体工程完工并试通航，被辽宁省政府批准为二类口岸，是以辽宁中部城市群、辽西和蒙东地区产业为主要服务目标，以整个东北地区为港口腹地的综合性港区，具有直接为盘锦辽滨沿海经济区服务的工业港功能。2007 年，按照辽宁省政府加快港口资源整合战略，本着"优势互补、互惠合作、加快发展、实现共赢"的原则，盘锦港与营口港进行合资合作，实现了辽河两岸港口资源共享，共同繁荣的新局面。目前，盘锦港以油品、集装箱、散杂货、件杂货等货物运输为主，2017 年盘锦港货物吞吐量为 0.34 亿吨，集装箱吞吐量为 41.7 万标准箱[①]。

七、哈尔滨港

哈尔滨港地处松花江中上游，是全国 28 个内河主要港口之一，是东北地区第一大内河港和代表性内河港，是国家一类对外开放口岸。哈尔滨港早期码头位于傅家甸（今哈尔滨道外区沿江，松花江滨北铁路桥以西南岸约 500 米处），是松花江南北物资转运的重要渡口。早期的码头始建于 1898 年，1903 年中东铁路建成通车之后，沙俄在哈尔滨港区修筑中东铁路干线支线以及货场和仓库，为货物转运服务，往来黑龙江、乌苏里江、嫩江的船只，大多停泊在道里区段码头。1906 年，伴随着黑龙江民族航运业的兴起，哈尔滨港口逐渐回归中国人管理，哈尔滨港逐渐成为船舶始发的中心港及水陆运输的中转港，出现了以船种、企业为分类的专用码头，形成了分段自治的状态（黑龙江省地方志编纂委员会，1997）。1918 年，由于航道变迁，原位于道里区段的码头失于疏浚，松黑两江邮船局在道外开始陆续修筑码头，哈尔滨主要港区向道外迁

---

① 《中国港口年鉴 2018》。

移，哈尔滨港逐渐发展成为黑龙江腹地水陆交通枢纽，东北地区内河第一大港口，1926～1931 年，哈尔滨港的年吞吐量占黑龙江水系航运总装运量的 90% 左右（侯长纯和郑承龙，1988）。1955 年，在三棵树码头的基础上成立哈尔滨港务局，作为水陆货物装卸中转的直属国营企业。哈尔滨港直接经济腹地为哈尔滨，间接经济腹地可达嫩江、松花江、黑龙江、乌苏里江沿江各地区和俄罗斯远东地区，2017 年，哈尔滨港完成货物吞吐量为 542.56 万吨，货种以大宗货物为主[①]。

---

① 《中国港口年鉴 2018》。

第四章 东北地区港口城市发展

第一节 东北地区港口城市历史演进

一、港口城市发展的阶段特征

港口城市作为一种特殊的城市类型，具有港口和城市的双重内涵，是港口和城市的有机结合体，其形成与发展遵循一定的规律（吴传钧和高小真，1989；王海平和刘秉镰，2000）。港口是港口城市的重要职能部门，是港口城市赖以发展的生命力所在（郑弘毅，1991）。从城市的构成上讲，港口与道路、铁路、行政机构、企业等相同，是城市的组成部分之一，但港口强烈的外向性特征赋予了港口城市特殊性，即港口城市的发展具有显著的外部驱动特征，这在一定阶段内使得港口城市的发展偏离了克里斯塔勒中心地理论中城市演变的一般规律，而显示出港口城市强烈的个性特征，即一般意义上的门户特征。这一特征的强弱又是港口与城市之间关系程度、关系模式和关系发展阶段等的反映，由此出现了不同类型和发展阶段的港口城市。从总体上看，港口城市的这种门户特征显现与港城关系这一港口城市所特有的发展机理密切相关。

纵观我国港口城市的发展历程，近现代东北地区港口城市的发展历程较为短暂，一般认为起源于 1840 年之后的半殖民地半封建社会时期。依据港口及港口城市的发展背景与机理，现代各港口及其所在城市的演进历程总体上可分为两个时期，即中华人民共和国成立前的传统发展时期和中华人民共和国成立后的复苏与全面开放时期。

（一）传统发展时期

传统发展时期的港口城市带有显著的殖民地特征。鸦片战争的爆发，结束了我国千余年来对外贸易的方式。首先，贸易对象由传统的东方国家转变为欧美国家；其次，贸易性质由互通有无转变为经济侵略，资本主义国家以工业制造品换取我国廉价的工业原料。这时，对外开放的港口成为资本主义国家掠夺资源与倾销产品的结节点，在此背景下，港口城市就畸形地在外表上繁荣起来了（黄盛璋，1951）。

依据港口与城市关系特征，港口城市的发展总体上表现出由初级贸易型港口集镇向贸易中心及工业中心型港口城市进而向多元化港口城市演进的特征（表4-1）。

表 4-1　传统发展时期港口城市阶段发展特征

	初级贸易型港口集镇	贸易中心及工业中心型港口城市	多元化港口城市
历史时代	1861 年以前	1861～1903 年	1904～1949 年
港口特征	沿河码头	以海港（河口港）为中心，以河港为支撑	海港主导
经济特征	自然经济	商品经济繁荣、贸易导向的近代工业产生	殖民特色的近代工业化
城市形式特征	集镇、渔村	城镇、城市	城市、城镇
港城关系	最强	强	弱
港城关系动力结构	直接联系	直接联系、间接影响	直接影响、间接影响、城市自增长效应

1. 初级贸易型港口集镇发展阶段

古代东北地区城市多是基于政治、军事统治需要而建立的具有城邑特征的都城、军事要塞，各港口城市前身的发展也具有这一特征。例如，明洪武至宣德年间，出于东北内陆地区少数民族政权的军事对峙需要，将连接东北和华北的辽西地区作为军事重点布防地带，兴建了一批具有军事功能的城镇，如宁远（兴城）、中后所（绥中）、广宁（北镇）、锦州、义州（义县）、盘山等（曲晓范，2001）。城市的形成是出于政权及军事防卫需要，因此这一时期城市的经济中心职能受到抑制甚至缺失，相应的港口也多服务于军事需要，如运送军队、运输军事物资等。

至清朝建立前后时期，为适应城市中居民生产生活的需要，城市开放并设置商品交易市场，吸引了专门从事交换的商人的集聚，促进了商品的区际流通，刺激了手工业的发展与人口的集聚。此时，城市作为"市"的功能逐渐凸显，如锦州、金州、复州、盖平、凤凰城等城镇初步具有了区域中心地的性质，逐渐成为区域商品交换中心、简单手工业中心等。其中，由于辽河航运逐渐由军事用途转为商业性运输，商品经济的繁荣促使了帆船水运贸易的兴起，诱发了许多依托港口贸易为主的中心地的产生，从而演变出目前的港口城市。这类地域可划分为两类，一是沿河口，凭借舟楫渔盐之利而形成的小规模的中心地，如盘锦的前身田庄台；二是沿海岸线对近代海运具有巨大发展潜力的小渔村，如大连的前身三山浦（青泥洼）、营口的前身没沟营、辽东湾西侧的现锦州、葫芦岛滨海地区。这类地域的发展落后于内陆地区传统的由政权、军事中心演变的城镇，但具有显著的交易中心性质，因此认为这一时期的港口城市处于城镇发展的初级阶段——集镇。

这些因港口而发展起来的集镇，规模大多较小。例如，营口在1850年前后只有1000~2000人，主要为渔民、商人和码头工人（曲晓范，2001）。港口对集镇的作用以直接影响为主，直接影响港务、货物集散等城市经济活动的实现，其中代表性的经济活动是依靠港口的农产品交换，经济形态总体上为服务于城市自身及周边区域的自然经济。

2. 贸易中心及工业中心型港口城市发展阶段

1861年营口的开埠历史性地改变了东北地区的经济社会形态，东北地区由传统的封闭型形态向开放的近代化形态转变。港口城市是区域开放的前沿地区，在殖民地特征鲜明的商埠经济发展框架下，商业和金融业的发展使部分乡村的自然经济转向商品经济，为市镇的形成创造了条件，一些条件较好的港口集镇获得了大发展。这一时期，港口城市的发展具有以下三个方面的重要特征。

（1）工业的近代化发展促进了港口城市生产性中心职能的形成。由于外国资本主义经济实力的渗透，在繁荣的商品经济条件下，农产品的生产由封建性的自己生产向具有一定资本主义性质的商品生产过渡。以加工贸易为目的的油坊、酿酒、缫丝等轻工业兴盛。尤其在中日甲午战争之后，外国资本进入东北地区，在商埠、口岸地区大量设厂投资，引入近代技术、设备以及经营手段，传统的作坊式手工业步入规模化、专业化、机器化的近代化历程。例如，营口在19世纪末期使用机器规模化榨油，榨油业初具规模，大连开港之后，袭夺营口的港口腹地成为东北大豆的集散中心，以机器生产为手段的产业化榨油业迅速崛起，进而取代营口成为东北榨油业中心；丹东的缫丝厂引入烟台的脚踏机器，缫丝业迅速发展，一时间集聚大小缫丝厂二三十家，丹东成为东北缫丝业的生产中心和贸易中心。

（2）基于多级市场结构的区域城镇体系的发展。辽河航运的兴起以及商品经济的繁盛，使东北地区城乡经济实现对接，逐渐形成了以营口为中心，以辽河航道为轴线的逐渐向东北内陆腹地辐射的三级市场体系。其中，初级市场是出口产品的集中地和进口产品的消费地；中级市场不以本身消费为主，主要用于产品的集散和转运，设有专门市场；高级市场是全国性的商品交易中心和重要的进出口口岸，是大区域性的商品集散中心（曲晓范，2001），这一时期处于东北高级市场地位的便是营口。由此，基于这种等级市场体系框架，发育了以营口为中心的辽河流域早期的城镇体系。

（3）为城市居民服务的城市市政设施、社会团体等的发展。经济的发展必然带动人口的增长和城市建设需求的增加。一系列专为城市居民服务的非生产性设施的布局与建设，标志着传统以单纯贸易为目的的城市向近代城市转变。例如，这一时期的首位城市营口，建设了现代意义上的体育运动场、集会场所、医院、马路、步行道、街灯等城市公共设施，另外还出现了市民社会组织"公议会"（曲晓范，2001），这标志着近代城市的形成。

总体上看，这一时期的港口城市，港口对城市的作用以直接联系为主，各项经济活动均围绕港口运输、货物贸易开展，由此吸引经济活动要素和航运相关产业向城市集聚，推动城市由传统贸易型城市向近代城市演进。在商品经济的繁荣发展和以贸易为导向的近代工业发展背景下，基于多级的市场结构形成了以大区域性贸易中心港口城市为核心的城镇体系。

3. 多元化港口城市发展阶段

近代化中东铁路和南满支线铁路的开通，改善了港口的集疏运条件，扩大并强化了位于铁路端点的港口与腹地的联系。这一时期，沿海港口城市的格局发生了历史性的转变。大连港开港以后，优良的海港条件以及中东铁路的端点区位配以"等价不等距"的铁路运输激励政策，加之辽河航道淤塞、航运日趋不便，依托大连港发展起来的大连迅速发展壮大，不久便取代了营口成为东北地区南部对外联系的首位城市。另外，凭借国际铁路联运节点区位及大东港海港的兴建，位于安奉铁路端点的丹东快速发展成为辽宁及东北东部的中心城市；位于山海关—新民铁路沿线的锦州、葫芦岛基于陆上贸易亦获得了长足的发展。总体上看，伴随辽河航运的衰败和东北铁路网络及满铁附属地的建设，城镇格局由以营口为中心的辽河沿岸城镇带转变为以大连为中心的铁路沿线城镇带。

工业化及临港工业的大发展是这一时期城市发展的重要特点。在农产品加工工业发展的带动下，一些具有港口贸易导向的农产品加工业以及为城市建设配套与服务的上下游产业陆续出现，如机械、建材、电力、市政等近代产业部门。同时，随着殖民掠夺的深入以及民族资本的兴起，一些资源、资本密集型产业部门兴起，如化工产业、钢铁产业、重型机械、造船等重化工业，其中一些部门通过不断发展又形成了新的专业中心。例如，营口、大连产生了大量生产榨油机、零部件、船只用具等的铁工厂，大连集中了一些为航运服务的修造船厂、为铁路服务的机车修造厂等，锦州、葫芦岛作为日本"南进华北"的战略基地，城市工业发展以石油化工为主，成为化工工业中心。另外，临港工业的大发展是近代港口城市性质确定的重要标志。海港是海陆运输的结节点，货物运输是港口城市发展的根本动力，港口又往往是生产要素的最佳结合点，因此当港口发展到一定规模后，影响港口城市发展的就不再只是围绕港口的货运中转活动，而主要是依托港口航运的临港工业。临港工业的出现，使港口原来简单的货物机械性中转功能转变为货物商业性、加工性中转功能，港口城市性质由商业贸易型转向工业型，并且城市发展由工业化带动城市化。围绕港航贸易建立起来的基础设施形成了集聚引力，吸引与港口直接相关或间接相关的工业集聚，城市工业体系日趋完善；依托港口的货物运输网络，城市工业部门的发展从港口腹地获得生产资料和劳动力，进而增强了城市与外围区域的联系，使城市成为区域的经济中心，最终带动整个区域经济的发展，这一区域与港口腹地密切相关。

九一八事变之后，港口城市发展步入日本殖民统治时期，其发展得到了伪满当局的重视。其中，营口、锦州、丹东、葫芦岛分别制定了城市建设规划，此时港口城市的建设得到了长足的发展，城市内部空间布局得到优化、城市规模迅速增长、城市化水平迅速提高、城市的区域地位得到显著提升。1945～1948 年，由于战争频发与政权更迭，港口城市的发展遭到了严重的破坏，发展一度停滞甚至倒退，这一时期港口城市发展陷入低迷。

（二）复苏与全面开放时期

1. 改革开放前缓慢（停滞）发展阶段

中华人民共和国成立初期，各港口城市是东北乃至全国城市化水平较高的地区，虽然殖民时期保留下来了大量的工业基础，又有较好的交通、电力、能源等区域基础设施和城市市政基础设施等，但是在重新回到和平与自主发展的年代下，港口城市并未得到正常的发展。

这一时期，朝鲜战争、越南战争爆发，中苏关系紧张，以美国为首的西方资本主义国家对我国实行经济封锁，受制于国际政治经济环境，我国各项事业的发展总体上处于封闭状态。港口城市作为一种具有强烈外向型发展特征的城市，其区域节点区位此时成为区域端点区位，区位优势的消失使城市的发展缺乏活力。另外，出于国防和国家安全的考虑，在区域平衡发展战略的政策框架下，国家的战略投资和重点项目布局本着"靠山、分散、隐蔽"的原则向中西部地区倾斜，生产力布局大规模向西迁移。而港口城市作为当时的"一线"地区，地处战略前沿，容易受到敌对势力的威胁和破坏，因此城市发展受到忽视。

其中，港口城市的工业发展由于缺少工业改造、扩建、新建等的资本投资，原有较好的工业基础没有得到应有的发挥和加强，限制了港口城市的产业发展。另外，在当时国家"一穷二白"的国情下，大规模的社会主义建设需求和国防需求需要依赖资源的开发和资源型重工业的发展，由此促进了一批资源型城市及重化工业职能城市的产生。同时，伴随着铁路运输与公路运输网络的日益完善与发达，港口对城市发展的影响作用退化，港口城市的特征变得不明显，城市性质甚至发生了转变。例如，由于石油资源的开发和石化产业的集中，盘锦转变为典型的石油资源型城市，锦州、葫芦岛转变为国家石油化工基地、冶金基地等，因此港口对城市发展的影响微弱，港口城市特征不明显。

2. 改革开放后快速发展与多样化演进阶段

改革开放后，区域对外交往的诉求使得港口城市的发展重新获得了生机，在多要素综合作用下，港口城市的发展变得复杂多样。

港城关系作为港口城市发展的主线，是港口城市发展演进的核心机制，贯穿于港口城市发展成长的整个过程（陈洪波，2010）。Ducruet 和 Lee（2006）在对世界海港城市的研究中曾归纳出港口与城市规模关系矩阵（图4-1），以此反映港口城市的演进轨迹。其中，左上角至右下角对角线表示港口与城市的同步发展，显示由小港小城到大港大城的发展过程，如香港、纽约、东京等港口城市的演进过程；右上角至左下角对角线显示港口与城市分异化的轨迹，由大港小城（如弗里波特、莱城等）到小港大城（如斯德哥尔摩、加尔各答等）的演变过程。但是，客观世界异常复杂，港口与城市之间的相互关系亦是如此。由于制约港城关系的要素存在地域差异，以及港城关系的模式与机制不同，港口与城市规模关系表现出多样化，地域上表现为多样的港口城市类型。另外，受港口与城市发展的路径、外部环境的改变、影响港城关系演进要素的突变等的影响，港口与城市规模关系的发展会偏离一般发展途径，表现出特殊的发展轨迹（王缉宪，2010）（图4-2），港口城市的演进亦表现出多样化特征。

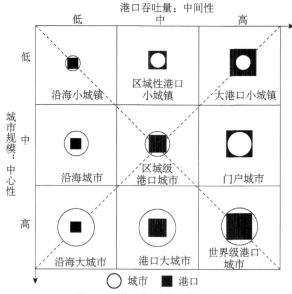

图 4-1　港口与城市规模关系

资料来源：Ducrue 和 Lee（2006）

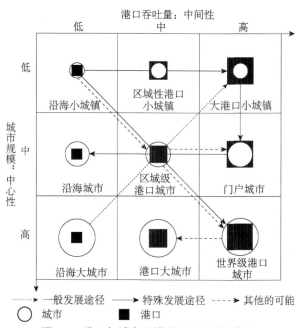

图 4-2　港口与城市规模关系特殊发展轨迹

资料来源：王缉宪（2010）

在国内外港口与城市关系的相关研究中，相对集中指数（relative concentration index，RCI）是用来量化评价港口与城市规模关系的一个较为实用的指标。相对集中指数由 Vallega 于 1979 年提出，用以分析地中海地区的港区和与之关联的居民点之间的组织关系，并将相对集中指数定义为一个整体区域中某一港口货物吞吐量比重与该港口城市人口比重的比值（Vallega，1979）。通常，人口数量被认为是反映城市发展规模的一般性指标，港口货物吞吐量被认为是反映港口综合规模与地位的一般性指标。因此，借鉴国内外学者的相关研究，利用相对集中指数评价港口规模与城市规模的相对大小，并进一步探讨港口城市多样化发展的特征。具体公式为

$$\text{RCI} = \frac{T_i \bigg/ \sum_{i}^{n} T_i}{P_i \bigg/ \sum_{i}^{n} P_i} \tag{4-1}$$

式中，T_i 为城市 i 的港口货物吞吐量；P_i 为城市 i 的总人口；n 为一定区域内的港口城市数量。RCI 值表示一定区域港口与城市相对规模的水平，RCI=1 表示港口规模与城市规模相当，RCI→0 表示港口城市系统中城市的地位趋于重要，RCI→∞表示港口城市系统中港口的地位趋于重要。按照 Ducruet 和 Lee 的界定，RCI 值趋近于 1（0.75～1.25）表示港口规模与城市规模之间处于相对平衡状态，RCI>1.25 表示港口的重要性显著，RCI<0.75 表示城市的重要性显著。当 RCI>3 和 RCI<0.33 时，表示港口规模与城市规模严重不均衡，其中 RCI>3 表示区域交通中心的港口城市特征显著，RCI<0.33 表示区域一般城市的特征显著（Ducruet and Lee，2006）。由此，依据这一港口规模与城市规模关系的界定，可将港口城市划分为五大类九小类（图 4-3 和表 4-2）。

基于式（4-1），选取港口货物吞吐量（万吨）和年末总人口（万人）（2015～2017 年采用年末户籍人口）作为评价指标项，基础数据分别来源于 2000～2018 年的《中国港口年鉴》和《中国城市统计年鉴》。据此，考察 1999～2017 年的港口与城市规模关系及其演变特征，评价结果如表 4-3、图 4-4、图 4-5 所示。

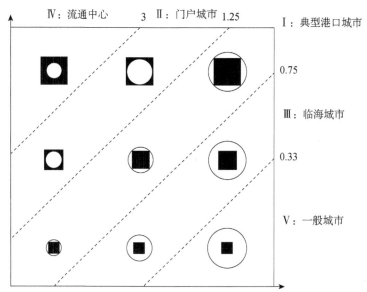

图 4-3　港口与城市相对集中指数关系图

资料来源：Ducruet 和 Lee（2006）

表 4-2　基于相对集中指数关系的港口城市类化

类型	RCI	特征
Ⅰ：典型港口城市	0.75≤RCI≤1.25	港口规模与城市规模相对均衡。港口与城市互为依托，港口城市的特征显著，按其规模等级可划分为地区级、大区级、世界级三类不同区域地位的港口城市
Ⅱ：门户城市	1.25＜RCI≤3	港口规模高于城市规模。港城关系中港口对城市的作用关系较强，港口是城市的关键与优势部门，城市凭借港口获得发展机会与区域地位，按其规模等级可划分为地区级和大区域级门户城市
Ⅲ：临海城市	0.33≤RCI＜0.75	城市规模高于港口规模。港城关系中城市对港口的作用关系较强，城市本身自组织与自运行能力较为综合与完善，对港口的依赖相对较小，按其规模与职能可划分为两级临海城市
Ⅳ：流通中心	RCI＞3	港口规模显著高于城市规模。港城关系松散，港口的区域及区际流通地位显著，城市区域地位仅为海陆交通转换点
Ⅴ：一般城市	RCI＜0.33	城市规模显著高于港口规模。港城关系松散，港口仅为城市的普通基础设施部门，对城市发展贡献很低，城市总体发展不以港口为依托，与一般内陆城市发展轨迹无异

表 4-3　1999～2017 年港口城市相对集中指数

年份	大连	营口	锦州	丹东	葫芦岛	盘锦
1999	2.33	1.22	0.34	0.22	0.02	—
2000	2.22	1.28	0.42	0.26	0.04	—
2001	2.22	1.36	0.44	0.17	0.03	—
2002	2.11	1.39	0.48	0.27	0.06	0.03

续表

年份	大连	营口	锦州	丹东	葫芦岛	盘锦
2003	2.05	1.54	0.51	0.27	0.04	0.03
2004	1.80	1.81	0.56	0.31	0.23	0.03
2005	1.75	1.89	0.56	0.37	0.20	0.04
2006	1.73	2.02	0.50	0.43	0.14	0.03
2007	1.64	2.24	0.48	0.46	0.11	0.04
2008	1.54	2.36	0.56	0.49	0.10	0.06
2009	1.50	2.42	0.55	0.55	0.10	0.06
2010	1.41	2.51	0.51	0.60	0.20	0.07
2011	1.31	2.52	0.56	0.72	0.22	0.11
2012	1.28	2.58	0.48	0.80	0.16	0.27
2013	1.25	2.49	0.50	0.91	0.13	0.42
2014	1.22	2.44	0.54	0.99	0.11	0.42
2015	1.18	2.46	0.51	1.07	0.11	0.45
2016	1.20	2.46	0.48	1.08	0.14	0.38
2017	1.20	2.45	0.56	0.95	0.15	0.42

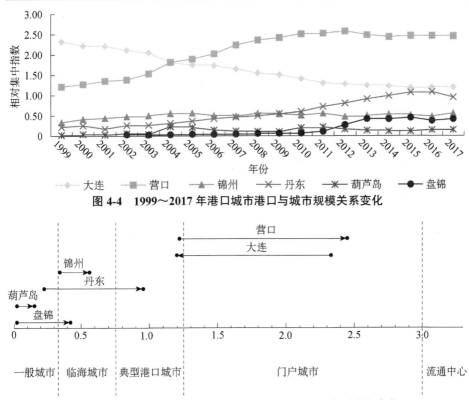

图 4-4　1999～2017 年港口城市港口与城市规模关系变化

图 4-5　基于相对集中指数的港口与城市规模关系类型阶段变化

观察表 4-3、图 4-4、图 4-5 可以发现，港口与城市规模关系变化呈现出以下五个方面的特征。

1）大连由门户城市向典型港口城市转变

1999 年，大连的相对集中指数为 2.33，城市的区域门户特性显著，港口对城市的性质、职能及城市区域地位意义重大。事实上，自从大连港开港，依托港口发展起来的大连便迅速超越传统港口城市营口，成为东北地区对外贸易的首位门户，并一直保持着这一区域地位。进入 21 世纪，伴随着我国全面融入世界城市体系的潮流，大连立足于广大东北地区并积极谋求城市发展模式的升级。1999～2017 年，大连的相对集中指数不断下降，于 2014 年达到 1.22，实现由门户城市向典型港口城市的转变，同时基于自身较强的城市综合实力，大连正由大区域级门户城市向世界级港口城市转变。

2）营口由典型港口城市转变为特征显著的门户城市

营口港是东北地区传统的对外贸易大港，伴随着港口的兴衰，营口总体上经历了由繁盛—衰败—复兴的过程。1999 年，营口的相对集中指数为 1.22，经济总量为 154.5 亿元，位于辽宁省第 9 位，经济规模仅为辽宁省第二位城市大连的 15.40%；人口规模位于辽宁省第 10 位，为第二位城市大连的 41.12%[①]。这一时期，营口可视为区域级典型港口城市，职能范围主要在其近域地区。2000 年，营口城市发展实现了跨越性的转变，城市发展以港口为主导和主要依托，由典型港口城市转变为门户城市，港口在城市发展中的地位日益增强，至 2017 年相对集中指数上升至 2.45，远超大连位居港口城市首位，城市的区域门户特征凸显。

3）锦州、葫芦岛和盘锦作为港口城市发展缓慢

锦州、葫芦岛和盘锦的相对集中指数从总体上看均呈缓慢上升态势，反映出随着港口的建设与繁荣，港口对城市发展的影响力日益提升，但是仍不足以支撑城市作为港口城市的典型职能与区域地位。锦州的相对集中指数由 1999 年的 0.34 上升至 2017 年的 0.56，表现出逐渐显著的临海城市特性，并向典型

---

① 《中国城市统计年鉴 2000》。

港口城市发展。在货物吞吐量方面，2017 年锦州港货物吞吐量为 1.05 亿吨，仅为辽宁省港口货物吞吐总量的 9.29%；在集装箱运输方面，2017 年锦州港集装箱吞吐量为 121.77 万标准箱，仅为辽宁省港口集装箱吞吐总量的 12.71%[①]。若将锦州作为辽宁省西部地区以及内蒙古东部地区对外开放的前沿城市与窗口城市，其港口实力尚不足以支撑城市的这一区域定位。

葫芦岛的港口城市特性不明显，多年来虽然对港口进行了大规模的建设，但城市总体上仍然徘徊在一般城市类型的范畴。葫芦岛的相对集中指数虽然一段时期内出现了明显的上升浮动，但是总体水平仍然较低且发展缓慢。近年来，伴随着辽宁沿海经济带的大力开发，葫芦岛着力建设以柳条沟港区为重点的港口体系，但与典型港口城市仍存在较大差距。

盘锦的港口城市特性亦不明显且发展缓慢，2002 年相对集中指数仅为0.03，经过多年的海港大力开发，2013 年相对集中指数提升至 0.42，城市类型由一般城市转变为临海城市。

4）丹东实现由一般城市向典型港口城市的跨越式发展

丹东在近 20 年的发展中实现了由一般城市向典型港口城市的跨越式转变，并且港口的影响力在城市总体发展中持续稳定提升。丹东港的形成与发展历史久远，20 世纪初期，日本统治时期实行的"日满鲜"三线货运联运政策，曾使丹东港一度繁荣，丹东也因此成为著名的国际都市，后受港口自然条件恶化、大连港的兴起与腹地袭夺、政治边界的地域屏蔽等因素的影响，丹东港的区位优势消失，甚至成为难以逾越的瓶颈，在港口城市的光环之下，丹东悄然转变为一般的区域中心城市。改革开放后，伴随着大东港的开发建设，丹东作为港口城市的特征再度凸显并不断深化。2005 年，丹东由一般城市转变为临海城市，并于 2012 年进一步转变为典型港口城市，并较为稳步、快速地向门户城市方向发展。

5）形成门户城市、典型港口城市、临海城市和一般城市四大类港口城市类型

由表 4-2 的判断标准和表 4-3 的评价结果，可得到以下结论。

---

① 《中国港口年鉴 2018》。

（1）营口为特征日益显著的东北地区区域级门户城市。

多年来，营口的相对集中指数迅速提升，由 1999 年的 1.22 上升至 2017 年的 2.45。这反映出营口港对城市的发展具有极为重要的意义，城市依托港口条件取得了面向广大东北内陆腹地的门户地位，尤其伴随着近年来海港的开发与建设，其面向辽宁中部城市群的区域门户地位逐步确立与深入。相对集中指数趋近于 3，反映出港口规模显著高于城市规模，城市发展及区域地位的确立对港口的依赖性强，城市的区域门户特征显著。鉴于营口城市规模条件（市辖区年末户籍人口 93 万人[①]），其对大尺度区域影响力较小，因此营口可视为区域级的门户城市，职能范围主要是其近域地区，尤其是辽宁中部城市群区域。

（2）大连和丹东为特征异化的典型港口城市。

2017 年，大连和丹东的相对集中指数分别为 1.20 和 0.95，为典型港口城市，港口规模与城市规模相对均衡，港口与城市互为依托、互动发展。其中，大连在东北地区多年位居极其显著的门户地位，经过多年的发展，港口与城市规模关系日益均衡，体现了典型的港口城市特征。2017 年，大连市辖区年末户籍人口规模达 400 万人[②]，位于 I 型大城市行列。作为中国东北"四大城市"[③]之一，大连具有大区域级（东北地区）城市影响力。

伴随着辽宁沿海经济带的开发建设，丹东依托港口迅速发展，城市由一般城市跨越式发展成为典型港口城市，但是其形成机理与大连不尽相同。丹东位于边境地区，边境贸易对丹东城市及港口的形成与发展影响深远。中华人民共和国成立后，其邻邦朝鲜长期实行对外封闭政策，使得丹东本来面向世界的区位优势面临难以跨越的地域屏障，从中心地理论角度来讲，中朝边界成为丹东城市中心职能扩散的地域障碍。20 世纪 80 年代，大东港的兴建标志着丹东港由河口港转变为海港，丹东作为港口城市功能显化，海陆双向腹地的特征与优势再次呈现。但是，一方面大东港的直接依托城市东港为隶属于丹东的县级市，城市规模小、行政级别低，城市对港口发展的各项基础支撑能力不足；另一方

[①] 《中国城市统计年鉴 2018》。
[②] 《中国城市统计年鉴 2018》。
[③] "四大城市"指沈阳、哈尔滨、长春、大连。

面港口对丹东的带动作用因东港的中介传递大为减弱。因此，在港城互动发展不足之下，丹东的港口城市特征长期不显著。随着辽宁沿海港口布局规划的实施及辽宁沿海经济带的大力开发，丹东的发展获得了历史机遇，港口集疏运条件获得了极大的改善，港口腹地扩展，港城互动日益紧密，港口城市特征日益典型。

（3）锦州和盘锦为港口功能显化的区域级临海城市。

2017年，锦州和盘锦的相对集中指数分别为0.56和0.42，为临海城市。这反映出，城市实力明显高于港口实力，城市对港口的依赖程度相对较小。

锦州自古就是联系山海关内外的咽喉之所与军事重镇，商贾云集。中华人民共和国成立后，锦州成为辽宁省西部地区的中心城市，集中布局石化、机械等重化工业。锦州地处山海关内外陆路通道区位，区际经济联系主要依靠平行于海岸线的陆路交通，港口对城市的作用因便捷的铁路和公路交通被边缘化，城市作为内陆中心城市和陆路枢纽城市的特征显著。锦州港作为生产性港口的发展历程较短，改革开放后港口对锦州城市发展的价值日益受到关注，凭借锦州辽宁省西部中心城市的综合实力，锦州港迅速发展壮大，同时港口对城市又产生了日益强烈的作用。例如，在港口强大的资源配置能力下，锦州城市空间布局呈现显著的海向转移态势，锦州港口城市特征逐渐显现。

因突出的资源特征与产业特征，盘锦多年来一直被归为石油资源型城市范畴。盘锦的发展源于石油资源的大规模开发而非港口的兴建，目前石油开采、石油化工等相关产业依然是盘锦赖以生存与发展的根本，而港口的兴建是盘锦传统主导产业进一步发展的基础设施配套。因此，港口对盘锦城市总体发展的导向作用相对较小。

总体上看，虽然锦州和盘锦港口对城市发展以及城市区域地位确立的贡献尚弱，但是在一系列区域发展政策及城市发展潮流的驱使下，二市港口功能显化；同时，基于其城市规模条件，二市可视为区域级临海城市。

（4）葫芦岛为港口功能相对较弱的区域级一般城市。

2017年，葫芦岛的相对集中指数为0.15，为一般城市。城市规模显著高于港口规模，港口对城市总体发展的贡献小，港城关系较弱。葫芦岛民用港口的起步和繁荣相对较晚，港口地位的大幅度提升是在辽宁"五点一线"战略实施之后，属于典型的政策驱动发展。长期以来，作为我国重要的重化工基地，葫芦岛集中了一系列国有大型石化、冶金、机械、能源等重化工产业，重化工产业是城市的根基和发展动力，因此很多人甚至不认为葫芦岛属于港口城市。这些区域地位显著的重化工产业主导城市的发展，使得港口对城市的影响作用显得微不足道。鉴于城市规模未达到大城市级别，可认为葫芦岛属区域级一般城市。

综上所述，各港口城市的发展程度及发展过程具有显著的多样性与差异性。首先，各港口城市分属不同的类型，各市的发展程度差异较大，除大连、营口和丹东之外，其他三市的区域港口城市特征均不显著，尤其是葫芦岛，经过多年的发展，港口对城市发展的影响力仍显不足。其次，各港口城市的形成与发展过程遵循着不同的轨迹，其中大连港口与城市互动发展，城市由一个普通的小渔村逐渐向世界级的港口城市转变；营口和丹东因港而生，伴随着港口的兴衰，城市发展由繁荣到衰落并再次走向复兴；为了适应区域发展的趋势与要求，锦州、盘锦和葫芦岛港口快速发展与壮大，港因城兴，城因港向港口城市演进。

二、港口城市发展机理

（一）港口的繁荣推动城镇化的发展

港口对城市的发展具有重要的影响，在不同的历史时期、不同的发展条件下，港口可以是城市发展的诱发性因素、支撑性因素或者主导性因素。例如，在城市形成初期，基于贸易发展的需求，良好的港航能力可以吸引交通运输、渔业、商品贸易等经济活动的集聚，从而吸引相关行业人口的聚居，进而诱发城市的形成。当城市各项基本功能逐渐完善后，就需要通过交通与城市以外的地区进行交往并建立广泛的联系，发挥城市的职能，即拓展城市的基本活动范围，谋求进一步的发展。当航运技术成熟，海洋由阻断城市经济活动扩张的天然屏障转变为承载城市对外联系的通道之后，水上运输尤其是海洋运输凭借其高载运、低成本的优势，成为港口城市对外联系的支撑性因素，甚至是主导性因素。同时，港口本身又是城市的组成部分，既作为城市的交通运输部门承担城市生产资料与产品的流通，又作为城市的产业部门（港航产业及关联产业）成为城市经济活动的组成部分。

近代辽河航运的兴衰深刻影响着辽河沿线港口城市的发展。东北地区近代铁路大发展之前，交通运输业集中在基于辽河航道的航运业。1861 年，营口被迫代替牛庄开埠，标志着辽河航运业的兴起，由此带动了辽河流域对外贸易与商品经济的大发展。一时间商贾云集，吸引了大批山海关内外和国内外的商人、手工业者等的聚居，从而促使一批基于港口贸易发展起来的城镇，如盘锦的前身田庄台和营口就是在这一时期迅速发展与繁荣。辽河航运兴起以前，沿辽河两岸仅分布海城、牛庄、田庄台等十几个小规模的市镇，营口在这一时期仅有一两千人。《中英南京条约》签署之后，营口开港，拉开了帝国主义国家疯狂掠夺东北地区丰富资源的序幕，辽河航运业自此步入兴盛，随着贸易与商品经济的繁荣，辽河沿岸形成了带状的城镇群。其中，营口作为通商口岸迅速崛起为辽河沿岸城镇群的中心城市，至 1875 年，营口城市人口超过 5000 人，成为辽河下游最大的港口市镇；至 1901 年，营口城市人口达 1.3 万人，市区建有体育场、医院、公园、马路、街灯等近代化的建筑和城市设施，此时营口已从一个小市镇迅速发展成为辽河流域的首位城市（曲晓范，2001）。

（二）疏港交通的发展推进港口城市繁荣

交通是城市与城市以外区域联系的纽带和桥梁，是城市基本活动的载体。集疏运系统是与港口衔接，为集散港口吞吐货物服务的交通运输系统，是港口生存的生命线，也是港口水平的重要标志。港口依赖疏港交通的延伸，形成其赖以生存的转运和贸易腹地，催生与港口直接和间接相关的产业集聚，从而推动港口城市的发展。同时，港口城市依托疏港交通拓展城市功能地域，对城市以外的区域产生影响。

近代东北地区大规模的铁路建设改变了东北传统的区域交通结构，诱发了传统贸易中心的位移，从而改变了港口城市的空间格局。同时，较内河航运更为便捷与高效的铁路运输，加速了港口城市的城市化与现代化进程。

1896 年，沙俄为争夺东北地区的战略优势，以哈尔滨为中心，兴建西至满洲里，东至绥芬河，南至大连旅顺的中东铁路，1903 年，中东铁路建成通车。铁路具有较好的对外接续能力，运输速度快、全节候全天候、到达时间稳定准确、运输成本低，尤其适宜远距离的大运量运输。中东铁路辐射面积广阔，干线和支线总长近 2800 公里，纵贯、横穿东北全境，很好地衔接了与辽宁沿海的海陆转运以及与俄罗斯的国际转运。中东铁路的开通，袭夺了原来经内河航运和人力、畜力转运的货流，同时极大地拓展了具有铁路疏港的港口的腹地范围。这一时期，大连凭借中东铁路强大的疏港能力以及辽河航运条件的恶化，迅速吸引原来以营口为中心的辽河沿线的贸易向其集中，城市化进程迅速推进，并取代营口成为东北地区第一门户城市。

继中东铁路通车之后，连通关内外的山海关—新民铁路通车（1903 年），该铁路作为东北与华北的交通纽带，促进了辽西地区城镇的发展。但是，由于铁路线平行于海岸线，其职能主要为沟通陆路联系，不具有疏港职能，反而在一定程度上边缘化了港口的区位，抑制了具有港口城市特征的城镇的发展。因此，辽西地区港口城市的门户职能特征至今仍不显著。1905 年，出于日军物资运输的需要，丹东至沈阳的安奉铁路通车，使丹东这个位于中韩交接之地的传统商业重镇和外贸港口城市获得了迅速的发展，城市人口由 1900 年的约5000 人迅速发展到1909 年的 6 万余人，成为东北地区东部最大的工商业城市（曲晓范，2001；复旦大学历史地理研究中心，2005）。

（三）城市实力带动港口的迅速崛起

城市是港口运行和发展的基础性依托。一方面，城市为港口提供其赖以生存的经济腹地。城市作为区域的经济中心，是生产、人口、资源、资本、技术、信息、管理等的集聚与扩散中心，可为港口提供其经济活动的基本对象——货物和旅客。一般而言，城市越发达，城市功能地域越广泛，对外的经济联系越频繁，对港口的支撑与推动能力也就越强。另一方面，城市为港口的发展提供社会基础支持。港口作为城市交通设施为旅客和城市居民等提供交通、通勤等服务，城市作为区域的文化中心、教育中心、管理中心、服务中心为港口的发展与升级提供资金、技术、人才等支持。在新时期，城市的这种中心性职能越强，港口越容易在区域甚至世界供应链网络中获得枢纽和中心地位。

与大连、营口和丹东"城以港兴"的发展模式相异，锦州、葫芦岛、盘锦的发展模式为"港以城兴"。城市的形成与繁荣并非依赖于港口的功能，港口条件不是城市自组织运行的核心机制。但是，随着区域发展背景与发展环境的改变，港口的功能逐渐受到重视，依托城市的原有基础，港口在城市的影响下迅速发展壮大。在与城市的互动过程中，港口对城市发展的影响逐渐增强，城市则由一般性的区域中心城市转变为港口城市。实现港口的这种跨越式发展的地域载体需要有足够的行政资本条件，在我国市管县的行政体制下，往往地级以上的城市才具有足够的行政资本推动港口的兴建。例如，广州南沙港区的兴建。珠江口最南端的南沙是发展深水码头的优良港址，但是在广州市域行政区划调整前，南沙港址所在地番禺市是县级市，城市行政级别低、规模小、经济实力不足，不足以承载区域性规模化港口的建设与发展。为顺应港口贸易船舶大型化的需求，2000 年番禺市调整为广州的行政区，2004 年南沙港区建成投产，2009 年南沙保税港区一期通过国家验收，成为珠江三角洲地区仅次于香港的自由港。

长久以来，锦州和葫芦岛凭借辽西走廊陆路大通道的区位以及极为便捷的陆路集疏运条件，多年来一直作为一般区域中心城镇发展，港口的发展并未受到重视。其中，盘锦前身虽是依托港口贸易发展起来的市镇，但随着石油资源的开发，盘锦已经转变为我国重要的石油开采和石化工业基地，石油资源型城市特征显著，港口功能严重退化。随着经济形势转变、政策驱动等因素的影响，城市的向海性发展成为城市空间演进的主要方向，在城市自组织运行之下，港口获得了大发展，并实现了跨越式飞跃。例如，锦州港于 1990 年正式通航，从标志现代化港口运输的集装箱吞吐量来看，2003 年锦州港集装箱吞吐量超过具有百年发展历史的丹东港，2017 年锦州港集装箱吞吐量实现 121.77 万标准箱，仅次于大连港和营口港，居东北地区六大海港的第 3 位①。在不到 30 年的时间，锦州港迅速崛起，成为东北地区的重要港口，而这主要得益于锦州的辽西地区中心城市地位。

（四）区域政策加速或抑制港口及城市的演进

纵观近现代我国的社会形态与经济体制的历史演进，我国经历了从封建社会向半殖民地半封建社会进而向社会主义社会的转变。与西方资本主义社会注重市场规律的经济体制不同，区域管理者的主观意愿对我国的区域发展一直具有深刻的影响。例如，在封建社会时期，封建君主对区域的发展具有强大的主导力和执行力，通过对贸易准入的控制可以直接影响港口城市的存亡兴衰。另外，封建社会形态下传统的自给自足式的小农经济不利于以外向型经济为特征的港口城市的形成与发展；在半殖民地半封建社会时期，帝国主义殖民统治的根本目的在于掠夺资源、倾销产品，这从客观上促进了以贸易、转运为生存根本的港口城市的发展；在社会主义社会时期，虽然在全面对外开放的背景下，市场经济成为区域经济的基本组织形式，但是国家政权仍然通过区域政策等手段对区域的发展产生了强大的调控力，因此我国城市与区域关系仍处于区域框架指导下的城市主导发展时期。

长期以来，各种形式的区域政策或促进或抑制了港口与港口城市的发展。中东铁路建成之后，日本选择大连作为其进一步侵略中国的据点，并对城市进行大力建设。为促进大连的发展，1907 年，日本对中东铁路长春以南（又称南满铁路）实行"大连中心主义"政策（又称"等价不等距"政策），即沈阳到长春的 350 公里距离内，一律实行长春—大连港、营口港，沈阳—大连港、营口港的同价运费，诱使原来经营口港转运与贸易的货物纷纷改道转经大连港集散，客观上促进了大连的繁荣与发展。1910 年，营口港作为传统的东北地区第一大国际贸易港被大连港取代，退化为地区性的国内贸易港口，同时，由港口催生的东北南部最大的对外贸易中心与门户由营口转移到大连。安奉铁路建成通车并由军用改为商用之后，1913 年，日本实行"日满鲜"三线货物联

① 《中国港口年鉴 2018》。

运政策，即日本货物可从日本国铁山阳线转朝鲜的釜山至新义州线，再转东北安奉线，这大大拓展了丹东港的货物吞吐范围，同时强化了丹东中朝贸易中心的地位，从而促进了城市的发展（吴松弟，2006）。

中华人民共和国成立后，封闭性的区域发展政策（如国家战略投资和生产力布局两次大规模地向三线地区转移）在一段时期内强烈地抑制了地处开放性区位的港口城市的发展。改革开放后，国家区域发展战略有所调整，生产力布局和区域发展政策向发展基础与外向性条件较好的沿海地区倾斜，这一时期港口城市获得了蓬勃发展。尤其是东北老工业基地振兴规划、辽宁沿海经济带规划的开展，将港口城市的发展上升到国家战略、区域战略的高度，极大地促进了各港口城市的发展与演进。

第二节　东北地区典型港口城市发展

一、大连

大连是我国东北亚重要的国际航运中心，是东北地区核心城市，是文化、旅游城市和滨海国际名城。城市的区域核心职能是东北亚国际航运中心、东北亚国际物流中心和区域性金融中心，国际旅游目的地和服务基地，国家软件和信息服务业基地，东北地区会展、先进装备制造业中心[①]。

作为人类聚居的地点，大连可追溯至汉代一个叫三山浦的渔村，明清时期称为三山海口、青泥洼口；作为区域的中心城市，城市发展历程较短，伴随着大连港的开发，大连的城市发展仅有 100 多年的历史。1880 年，清政府为加强金州海防，在旅顺地区兴建港口和军事设施，伴随着北洋海军的军事基地建设，旅顺地区城镇型人类活动逐渐聚集，旅顺逐渐发展成为大连最早的城镇。1898 年，沙俄强迫清政府签订《旅大租地条约》，并开始在大连开展一系列的城市建设，如港口、交通、市政基础设施建设等，尤其是城市内部空间框架的

---

① 《大连市城市总体规划（2009—2020）》。

搭建，至今仍可以看到大连俄式的"广场"和"放射状路网"等城市架构的传承。1903 年，大连城市已初具规模，形成面积近 4.25 平方公里的建成区，城市人口达 4.5 万人（胡序威和杨冠雄，1990）。日俄战争之后，日本将大连作为其进一步侵略东北和全中国的基地，对大连进行了针对性的经营，将大连城市性质定为自由贸易港、重工业基地城市和商业贸易中心城市等，大连面向海陆双向腹地的中心门户地位已然形成。这一时期，大量的日本移民、朝鲜移民以及河北、山东等地的劳工陆续迁入，大连的城市规模迅速扩大，1939 年，建成区面积达 45 平方公里，1943 年，城市人口已达 80 万人左右（胡序威和杨冠雄，1990）。

中华人民共和国成立后，基于日俄殖民统治时期建立起的较为完善的产业基础，大连与以沈阳为中心的辽宁中部城市群地区得到迅速发展。在当时国民经济基础薄弱并遭受战争严重破坏的国情下，以沈阳、大连为双中心的辽中南城市群地区为中华人民共和国的建设源源不断地输出资源和资本，做出了巨大的贡献。改革开放后，凭借优良的港航条件、历史积淀和东北地区面向世界的前沿区位，大连成为全国位居前列的大港和外贸口岸。同时，通过一系列的经济建设，大连位居东北"四大城市"之一和环渤海"三中心城市"[1]之一。在经济全球化和知识经济时代背景下，随着大连港和城市产业结构的升级变迁，大连正由区域门户城市向世界城市网络中心城市转变。

二、营口

营口是东北地区以工业、物流、商贸、旅游为主的重要港口城市，是环渤海地区重要的制造业基地、沿海物流基地和出口加工基地，东北地区重要的现代化港口城市[2]。

据考古发掘证明，营口地区的人类活动可追溯至 28 万年前的"金牛山人"时期。明朝以前，人类主要聚居于营口地区的北部和南部，如今营口盖州市境

---

① 环渤海"三中心城市"指天津、青岛、大连。
② 辽宁省人民政府关于印发辽宁省主体功能区规划的通知[EB/OL]. http://www.ln.gov.cn/zfxx/ghjh/fzgh/201911/t20191129_3645498.html[2020-03-27].

内。现今的营口中心城区的发展历史不长，起源于 17 世纪左右名为没沟营的小渔村。1861 年，营口港开港前已是商贾云集、居民点密布、人口稠密的国内粮食贸易港口重镇。同年，营口代替牛庄成为东北地区第一个对外开放的港口城市，各国开始在营口设立领事馆，修筑码头，开办银号、商号等，营口遂发展成为东北地区首位海上门户城市和东北区域中心城市，城市发展达到了空前繁荣的鼎盛时期，被誉为"关外上海"。这一时期，基于营口港的转运与贸易职能，依托辽河航运，营口城市功能直接影响范围向北可到达吉林的郑家屯（今双辽），向南通过海上航运可至天津、龙口，远可达上海、厦门和香港等地。至 20 世纪 20 年代，营口城市人口已达 20 万人。但是，1912 年，大连取代营口成为东北地区首位门户城市。随着大连的迅速崛起以及辽河航运的衰败，营口的鼎盛时期并未维持多久便逐渐走向衰落。中华人民共和国成立前夕，营口发展一片萧条，城市建成区面积不足 15 平方公里，城市人口不足 10 万人（胡序威和杨冠雄，1990）。

　　营口城市发展的再次复苏是基于营口新港区（鲅鱼圈港区）的开发及港航事业的振兴。改革开放后，临海的优势区位以及城市发展的历史基础，使营口重新受到重视。1981 年，国家计划委员会批准建设营口鲅鱼圈港区，1984 年经国务院批准设立营口市鲅鱼圈区，1991 年鲅鱼圈新港竣工投产，1992 年经国务院批准设立国家级经济技术开发区——营口经济技术开发区（又称营口市鲅鱼圈区），成为我国为数不多的拥有大型港口、便捷交通、充足资源的国家级开发区之一。自此，营口以港带区、区港联动提升城市区域地位的城市发展态势形成。

三、丹东

　　丹东是以工业、商贸、物流、旅游为主体的沿江、沿海、沿边城市，是辽宁省重要的边境口岸、港口城市和辽东地区的中心城市。

　　早在 18 000 年前，丹东地区便有母系氏族时期的人类活动。丹东城镇发展始于西汉时期，唐朝时设都护府，始称安东。1876 年，清政府设置安东县、岫岩州、凤凰厅，翌年设置宽甸县，并以凤凰厅为首府管辖岫岩、安东和宽甸三县，至此丹东城镇地域格局基本形成。这一时期，丹东中心城区名为沙河镇，是中韩交通通道上的商业重镇和外贸港口，1900 年城市人口为 5000 人左右（曲晓范，2001）。1904 年，安奉铁路（丹东—沈阳）修建。1906 年，在不平等条约《中美通商续订条约》和《中日通商航船续约》下，丹东被开辟为商埠，港口口岸城市地位确立。此时，水陆贯通，城市"交通益便，商业益兴"，城市发展一度繁荣，1909 年，城市人口增至 6 万人，成为东北东部最大的工商业城市（曲晓范，2001）。1913 年，日本实行"日满鲜"三线货物联运，丹东与日本、朝鲜间国际贸易的大发展，使丹东一度成为著名的国际都市。1939 年，日本为扩大对中国的侵略与掠夺，大规模兴建大东港，此后丹东兼具内河港和海港城市特征。

中华人民共和国成立后，基于殖民时期的贸易需求而建立的产业基础，丹东逐渐发展成为以轻纺和电子工业为主的边境口岸城市。改革开放后，为适应时代发展的需求，大东港得到再度开发，城市港口口岸职能集中于东港市，随着丹东新城区的开发建设，城市空间发展呈南移态势。

四、锦州

锦州是辽宁省重要的工业城市、港口城市，是辽宁省西部地区的中心城市。

锦州发展历史悠久，春秋时期为山戎活动地区，是一座具有 2000 多年城镇发展历史的文化名城。辽太祖耶律阿保机"以汉俘建锦州"，锦州（县）之名亦始于此。清初设锦州府，锦州成为辽西地区"唯一之重镇"，市场以营销皮毛、粮食、白酒为主业，至 1860 年前后，人口约达 2 万人（曲晓范，2001）。在地理区位上，锦州位于"辽西走廊"东端，处于距今锦州港 35 公里的内陆地区。在古代，海洋是天然屏障，因此多年来锦州作为连接我国东北地区和华北地区的陆路交通枢纽而发展壮大，经济上成为沟通两个区域的货物集散地，陆路交通的枢纽区位和陆路贸易的便捷性，使得锦州地区多年来陆路贸易繁荣，海路贸易未受到重视。

中华人民共和国成立后，基于辽西地区丰富的能源和矿产资源，以及便捷的陆路交通条件，尤其是铁路运输基础，锦州（包括今葫芦岛）布局了大规模的石化、冶金等重化工企业，成为辽西地区经济、文化、交通中心和重化工业基地，1990 年锦州重化工业产值占工业总产值的 60%[①]。改革开放后，随着区域发展政策的转变，面向海洋、面向世界的发展趋势，使得拥有优良海岸线和广阔城市腹地的锦州将其目光投到了港口建设上。1990 年，锦州港正式通航并获批为一类口岸，这标志着这一内陆型城市步入港口城市行列。

五、葫芦岛

葫芦岛是辽宁省西部的重要城市，是东北、华北两大经济区的节点城市，是环渤海地区以工业、港口、旅游为主体的海滨宜居城市。

葫芦岛原名锦西，虽然设市级行政建制较晚，但城市发展历史悠久，距今7000 多年前的新石器晚期就有人类在此繁衍生息。1906 年起，葫芦岛始设县制，称抚民厅。清朝末年，随着现代西方工业技术的引进，葫芦岛地区经济得到较快的发展。葫芦岛港筑港始建于清末，但受战争、资金等因素的影响，港口建设时断时续。葫芦岛位居辽西走廊咽喉区位且自然资源丰富，便捷的陆路交通条件和资源依赖型内生增长机制，推动葫芦岛发展成为辽宁省西部工业重镇。

中华人民共和国成立后，葫芦岛港由海军接管，经过几次的改建和续建，港口一直为军事使用服务。1984 年，葫芦岛港开始部分从事民用营业性生产，开展内贸运输。1989 年，葫芦岛（时称锦西）升级为地级市，成为地区性的政治、经济中心，同时具有港口城市的特征。2000 年，葫芦岛港获批为一类口岸，葫芦岛的辽宁省西部地区交通枢纽与港口城市地位已然确立。

六、盘锦

距今 5000 年前，盘锦境内已有人类活动。基于辽河航运，在营口港开埠

---

① 《辽宁统计年鉴 1991》。

之前，位于今盘锦境内的田庄台在港口贸易的驱动下，成为辽河沿岸的中心市镇之一，是东北地区南部的经济、政治、文化中心和军事要地。1906 年，清政府在盘锦境内设盘山厅，1913 年民国时期改盘山厅为盘山县，此为今盘锦前身。但是，随着辽河航运的衰败，盘锦的交通枢纽与贸易中心地位也逐渐消失。

中华人民共和国成立后，盘锦基于其自身条件谋求了新的发展道路。盘锦位于辽河下游平原地区，农业生产条件优良，城市发展投入了大量资金进行农业开发建设，发展现代农业。20 世纪 70 年代，随着石油和天然气的勘探与开发，工业产业得到迅速发展，盘锦成为我国石油化工和农业生产的重要基地。1984 年，经国务院批准，盘锦撤县建市（地级市），此时盘锦以我国重要的石油资源型城市著称，而作为港口城市的特征不显著。随着我国对外开放的深入，港口的振兴再次回到盘锦城市发展的主旋律上。1995 年，盘锦港正式开工建设，1997 年盘锦港主体工程完工并试通航，被辽宁省政府批准为二类口岸；2009 年，盘锦港海港区开工全面建设，结束了盘锦有海无港的历史，全面提升了盘锦港口城市职能。

第五章 东北地区港口城市空间
格局与发展状态

目前，鉴于城市职能表现与城市发展定位，东北地区具有港口城市意义的城市为位于辽宁省沿海地区的丹东、大连、营口、盘锦、锦州和葫芦岛，该六市沿海岸线呈"N"字形带状分布，形成东北地区对外交往的窗口式平台。该平台，背靠东北地区及内蒙古东部地区广大内陆腹地，向南跨渤海及黄海面向我国发达沿海各省份，向东面向广大的世界市场。2017 年，六个地级市（计划单列市）辖18 个县（市）、21 个区、244 个建制镇、130 个乡、246 个街道，行政区域土地总面积为 5.79 万平方公里，年末户籍总人口为 1765 万人，分别占辽宁省的 39.09%和 42.04%[①]。其中，依据市辖区年末户籍人口数量，大连为 I 型大城市，其余五市可视为中等规模城市，拥有大陆海岸线 2292 公里，布局六大沿海港口（包括位列全国十大港口行列的大连港和营口港），星罗分布着 241 个生产性泊位[②]。平均全市常住人口城镇化率为 66.52%，人均 GDP 为 54 006 元[③]，港口城市总体上已步入城市化发展的加速时期，即中心城市集中发展和城市发展区域化阶段。

随着改革开放、东北老工业基地振兴、辽宁沿海经济带振兴等一系列区域政策的深入，六座港口城市作为区域经济活动的中心，在产业组织、城市发展、地域空间等方面趋于融合并呈一体化发展态势。但由于市级行政区划分割，各市发展以单体城市规模扩大为主，尤其是港口盲目建设，贪大求快，各港口间航运货源出现激烈竞争，供大于求，致使各港口城市之间的关系往往是竞争大

---

① 《中国城市统计年鉴 2018》。
② 《中国港口年鉴 2018》。
③ 《辽宁统计年鉴 2018》。

于分工协作。由此，鉴于区域政策驱动下城市发展以港口的开发建设为契机和纽带，因此六座港口城市构成的这一带状地域可视为具有强烈港口依托属性的港口城市地带。基于此，以这一具有一体化发展态势的港口城市地带为对象，考察港口城市的空间格局及运行状态。

第一节　港口城市空间关联

一、城市空间分布较为均衡

各级各类港口城市作为区域的中心地彼此之间相互关联，形成具有自相似结构的空间组织体。这里，运用分形理论的关联维数来模拟城市之间的空间关系，基本模型为（徐建华，2002）

$$D = \lim_{r \to 0} \frac{\ln C(r)}{\ln r} \tag{5-1}$$

式中，D 为关联维数，可用来反映城市体系空间分布的均衡性；r 为给定的距离标度；$C(r)$ 为城市体系的空间关联函数，即

$$C(r) = \frac{1}{N^2} \sum_{i,j=1}^{N} H(r - d_{ij}) \tag{5-2}$$

式中，H 为 Heaviside 阶跃函数，即

$$H(r - d_{ij}) = \begin{cases} 1, & d_{ij} \leqslant r \\ 0, & d_{ij} > r \end{cases} \tag{5-3}$$

式中，N 为城市个数；d_{ij} 为第 i 个城市与第 j 个城市之间的距离，采用地理空间的球面距离。研究数据以西安测绘信息技术总站制图、星球地图出版社编制出版发行的《辽宁省地图》（2010 年版）为基础底图，基于 MapInfo Professional 7.0 SCP 平台，采用经纬度投影进行矢量化后获得。

经测算得到各港口城市和其所辖的 24 个县（市、区）级中心地之间的直线距离（表 5-1 和表 5-2）。

表 5-1　港口城市距离矩阵

（单位：公里）

项目	大连	营口	丹东	锦州	盘锦	葫芦岛
大连	0	201.6	279.1	244.9	247.8	209.8
营口		0	195.1	103.3	51.9	117.4
丹东			0	297.1	226.2	310.4
锦州				0	78.4	49.1
盘锦					0	113.0
葫芦岛						0

表 5-2　港口城市所辖县（市、区）级中心地之间的直线距离

（单位：公里）

项目	大连市区	瓦房店市	普兰店市	庄河市	长海县	营口市区	大石桥市	盖州市	丹东市区	东港市	凤城市	宽甸满族自治县	锦州市区	凌海市	北镇市	义县	黑山县	盘锦市区	盘山县	大连县	葫芦岛市	兴城市	绥中县	建昌县
大连市区	0	85.7	61.9	148.7	94.3	201.6	207.7	176.9	279.1	248.3	274.6	341.5	244.9	251.2	298.3	292.5	311.9	247.8	259.4	234.0	209.8	204.5	192.3	264.2
瓦房店市		0	25.1	85.6	64.2	117.7	122.1	91.4	215.0	189.5	201.1	268.8	179.6	180.9	220.5	222.4	231.0	166.5	179.2	152.5	157.0	157.5	164.8	233.3
普兰店市			0	95.0	57.2	142.9	146.8	116.1	226.8	198.9	217.2	284.8	201.3	203.9	245.1	245.4	256.0	191.5	204.0	177.5	175.1	173.8	175.5	246.0
庄河市				0	59.1	126.4	113.5	94.4	131.9	104.3	126.6	193.0	221.6	215.2	234.9	252.6	234.9	176.6	191.0	164.2	215.9	221.1	239.7	302.3
长海县					0	158.3	153.2	126.4	185.4	154.1	185.1	250.6	237.4	235.9	267.5	276.5	272.9	210.1	224.0	196.4	219.3	220.6	227.9	296.8

续表

项目	大连市区	瓦房店市	普兰店市	庄河市	长海县	营口市区	大石桥市	盖州市	丹东市区	东港市	凤城市	宽甸满族自治县	锦州市区	凌海市	北镇市	义县	黑山县	盘锦市区	盘山县	大洼县	葫芦岛市	兴城市	绥中县	建昌县
营口市区						0	24.6	32.6	195.1	187.5	159.0	216.9	103.3	92.3	109.8	126.9	115.0	51.9	66.0	38.5	117.4	128.8	165.6	208.1
大石桥市							0	30.8	171.0	164.9	134.5	192.6	126.4	113.7	122.0	145.3	121.7	64.4	78.7	53.6	141.9	153.3	189.3	232.7
盖州市								0	176.8	164.6	146.0	209.0	129.9	121.5	142.4	158.2	146.6	84.3	98.5	71.7	134.4	143.5	174.2	225.2
丹东市区									0	34.8	45.6	74.5	297.1	283.0	274.1	308.8	260.0	226.2	238.2	220.0	310.4	320.1	349.8	401.5
东港市										0	64.5	108.9	290.9	278.7	277.2	308.1	266.4	225.1	238.2	217.0	298.9	307.3	333.5	389.4
凤城市											0	67.7	258.4	243.1	230.2	266.5	215.1	184.7	196.0	179.8	276.2	287.0	320.1	367.1
宽甸满族自治县												0	309.8	292.6	268.4	309.5	247.9	232.4	241.3	230.6	333.7	345.7	381.5	423.5
锦州市区													0	20.3	78.3	50.1	105.3	78.4	73.2	79.3	49.1	63.6	108.5	118.4
凌海市														0	59.7	41.6	85.8	60.2	53.6	63.3	66.9	81.8	127.2	138.3
北镇市															0	45.7	28.6	58.3	43.9	71.4	126.5	141.4	186.6	189.1

续表

项目	大连市区	瓦房店市	普兰店市	庄河市	长海县	营口市区	大石桥市	盖州市	丹东市区	东港市	凤城市	宽甸满族自治县	锦州市区	凌海市	北镇市	义县	黑山县	盘锦市区	盘山县	大洼县	葫芦岛市	兴城市	绥中县	建昌县
义县																0	73.8	83.1	70.7	91.8	97.6	111.1	154.2	146.2
黑山县																	0	64.5	52.6	78.5	152.5	167.5	212.9	217.7
盘锦市区																		0	13.7	14.0	113.0	127.5	171.3	195.9
盘山县																			0	27.6	112.7	127.6	172.3	191.6
大洼县																				0	108.3	122.3	164.8	194.4
葫芦岛市																					0	15.1	60.5	91.1
兴城市																						0	45.4	82.2
绥中县																							0	72.1
建昌县																								0

在实际计算中，分别以步长 Δr_6=5 公里和 Δr_{24}=10 公里来取距离标度 r_6 和 r_{24}，分别得到一系列点对 $[r_6，C（r_6）]$ 和 $[r_{24}，C（r_{24}）]$，如表 5-3 和表 5-4 所示。

表5-3　港口城市标度 r_6 及其对应的关联函数 $C（r_6）$

序号	1	2	3	4	5	6	7
r_6	35	30	25	20	15	10	5
$C（r_6）$	0.4167	0.3889	0.3333	0.1944	0.1667	0.0833	0.0278

表5-4　港口城市所辖县（市、区）级中心地标度 r 及其对应的关联函数 $C（r_{24}）$

序号	1	2	3	4	5	6	7
r_{24}	430	420	410	400	390	380	370
$C（r_{24}）$	0.4792	0.4774	0.4774	0.4757	0.4757	0.4722	0.4722
序号	8	9	10	11	12	13	14
r_{24}	360	350	340	330	320	310	300
$C（r_{24}）$	0.4705	0.4705	0.4653	0.4618	0.4583	0.4549	0.4444
序号	15	16	17	18	19	20	21
r_{24}	290	280	270	260	250	240	230
$C（r_{24}）$	0.4323	0.4271	0.4132	0.4010	0.3906	0.3750	0.3507
序号	22	23	24	25	26	27	28
r_{24}	220	210	200	190	180	170	160
$C（r_{24}）$	0.3299	0.3108	0.2934	0.2726	0.2569	0.2326	0.2188
序号	29	30	31	32	33	34	35
r_{24}	150	140	130	120	110	100	90
$C（r_{24}）$	0.1997	0.1806	0.1736	0.1458	0.1285	0.1163	0.1007
序号	36	37	38	39	40	41	42
r_{24}	80	70	60	50	40	30	20
$C（r_{24}）$	0.0885	0.0677	0.0469	0.0313	0.0208	0.0139	0.0052

依据式（5-1）的对数变换形式，在双对数坐标系中绘制散点图，然后采用线性回归分析方法进行模拟，结果如图 5-1 和图 5-2 所示。

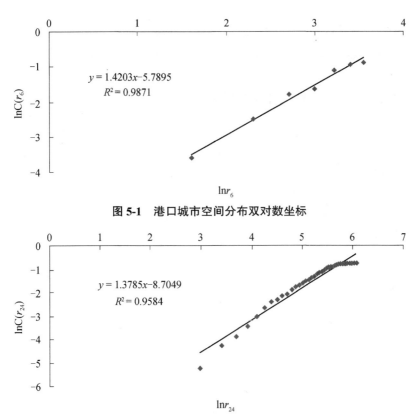

图 5-1 港口城市空间分布双对数坐标

图 5-2 港口城市所辖县（市、区）级中心地空间分布双对数坐标

由模拟结果可知，关联维数 $D_6=1.4203$，$D_{24}=1.3785$。$D>1$ 且 $D\to2$，反映出各港口城市在空间布局上较均衡。尽管各城市等级规模不同，但各城市之间相对独立，尤其是各港口城市中心城区的空间分布较县（市、区）级中心地城市更趋分散。对于这种带状分布的城市群体而言，这种城市空间布局已具有均衡、分散的空间基础。一方面，这有利于城市群体中各城市的均衡、同步发展，使区域发展趋向均衡化、空间结构呈现网络化，有利于城市群体发展成为一个发达的网络化的城市化区域；另一方面，城市在区域中的空间分散布局，不利于城市间的相互沟通与协作，若各城市之间的竞争过于激烈而形成恶性竞争，将会阻碍城市和区域的发展。

另外，高等级的中心地（地级市）与辽东湾东北部区域呈相对集中的态势，具体表现为以营口、盘锦、锦州为核心的中心城市集聚特征，反映出港口城市空间分布在总体均衡的基础上具有一定程度的集聚特征。

二、城市之间空间联系结构差异显著

空间联系结构可反映城市之间的联系方式与水平，以及城市之间空间联系的整体性和协调性。

采用网络分析法，将港口城市乡镇以上级（包括乡镇）行政中心地抽象为地理节点，将公路交通线抽象为联系线，构建港口城市地带内部的空间组织拓扑结构，并通过 β 指数、γ 指数和 α 指数（徐建华，2002）考察港口城市地带内部的组织结构。计算公式为

$$\beta = \frac{m}{n} \tag{5-4}$$

$$\gamma = \frac{m}{3(n-2)} \tag{5-5}$$

$$\alpha = \frac{m-n+1}{2n-5} \tag{5-6}$$

式中，m 为网络中连线数目；n 为网络中节点数目。其中，β 指数是网络内每一个节点的平均连线数目，反映网络的复杂程度，取值范围在 $[0,3]$，$\beta=0$ 表示无网络存在，β 值越大网络越复杂；γ 指数是网络内连线的实际数目与连线可能存在的最大数目的比值，反映线路的实际结合水平，取值范围在 $[0,1]$，$\gamma=0$ 表示网络内无连线，只有孤立点，γ 值越大，结合水平越好；α 指数是网络中实际回路数与网络内可能存在的最大回路数的比值，反映网络的发达程度，α 值越大网络越发达。

交通网络是区域城市相互作用和自组织运行的载体。考虑到近域交通的便捷性和灵活性，选用公路网络作为研究对象来分析港口城市空间组织，同时考虑到高速公路的封闭性较强，县乡道路的对外联系能力较差，选用国道和省道作为网络连线，连接的设定本着上级包含的原则，即省道连接中部分通过国道连接则视为可连接。网络节点选择乡镇以上级（包括乡镇）行政中心，将各城

市市区作为一个节点；对于县和镇，将县和镇行政中心同处一地的地区作为一个节点考虑。据此，分别构建以国道和省道为组织线的港口城市空间组织网络，考察港口城市地带内部空间联系结构。其中，基于国道的组织网络主要反映城市之间的联系结构，基于省道的组织网络主要反映城市市域内部的联系结构。

分别将两种组织网络的节点数和连线数代入式（5-4）～式（5-6）中，将六座港口城市整体水平作为参考，分析结果如下（表5-5）：

（1）从国道组织网络来看。在六座港口城市中，丹东水平最高；其次分别为营口和大连；盘锦、葫芦岛和锦州水平较低，低于整体水平，其中锦州水平最低。

（2）从省道组织网络来看。在六座港口城市中，盘锦水平最高；其次分别为锦州和丹东；营口、大连和葫芦岛水平较低，除营口在网络实际结合水平上略高于整体水平外，三市各项指标均低于整体水平，葫芦岛位于末位，水平最低。

（3）从总体上看。丹东的市际和市内连通水平均较高；大连和营口的市际连通能力相对较强；盘锦和锦州的市内连通能力相对较强；葫芦岛两方面水平均较低。

（4）丹东的区域空间联系能力相对较强，在港口城市中的市际和市内的联通能力均相对较强，具有关联其他城市的优势能力；大连和营口的空间联系以国道为主，二者在市际的连通上相对较好，在市内的空间组织上需要进一步加强；盘锦和锦州的空间联系以省道为主，二者在市内的空间组织上相对较好，在市际的连通上需要进一步加强；葫芦岛在市际和市内的空间联系能力上均较弱，两方面均需要进行大力改进。

表5-5　港口城市空间组织网络连接指数

城市	m		n	β		γ		α	
	国道连线数	省道连线数	节点数	国道指标	省道指标	国道指标	省道指标	国道指标	省道指标
大连	27	17	90	0.30	0.19	0.10	0.06	−0.35	−0.41
营口	15	12	44	0.34	0.27	0.12	0.10	−0.34	−0.37
锦州	12	33	83	0.14	0.40	0.05	0.14	−0.43	−0.30

续表

城市	m		n	β		γ		α	
	国道连线数	省道连线数	节点数	国道指标	省道指标	国道指标	省道指标	国道指标	省道指标
盘锦	7	13	31	0.23	0.42	0.08	0.15	-0.40	-0.30
丹东	23	21	66	0.35	0.32	0.12	0.11	-0.33	-0.35
葫芦岛	20	13	94	0.21	0.14	0.07	0.05	-0.40	-0.44
整体	110	112	408	0.27	0.27	0.09	0.09	-0.37	-0.36

第二节 港口城市规模分布

一、城市辖区的规模分布集中

以六座港口城市的市辖区人口为评价对象，由城市首位律（首位城市与第二位城市的比值）分析可知，市辖区人口规模分布表现为显著的首位分布态势。大连作为六座港口城市的首位城市，市辖区人口的集中程度很高。2017 年，大连市辖区年末户籍人口为 400 万人，与第二位城市盘锦（102 万人）相比，首位度指数为 3.92[①]。一般认为，两城市指数为 2.0 较为合理，这显示出大连在港口城市体系中的规模地位突出。

二、城市总体规模分布相对均衡

位序–规模法则从城市的规模和城市规模位序的关系来考察一个城市体系的规模分布（许学强等，2009），该方法能较好地描述城市体系规模分布的规律，对概括区域中城市的规模分布具有相当的普遍性，在实际研究中应用广泛。对由六座港口城市组成的区域，采用位序–规模法则理论体系中罗特卡模式的一般化公式来分析城市规模分布特点，公式为

$$P_i = \frac{P_1}{R_i^q} \tag{5-7}$$

---

① 《中国城市统计年鉴2018》。

式中，P_i 为第 i 位城市的人口；P_1 为规模最大的城市人口；R_i 为第 i 位城市的位序；q 为常数。

　　以总人口规模为评价对象，分别考察六座港口城市的规模分布和其所辖县（市、区）的规模分布，这里分别定义为第一规模分布和第二规模分布，从两个尺度反映港口城市的规模分布。其中，第一规模分布以六座港口城市总人口为基础数据；第二规模分布以六市所辖县（市、区）的总人口为基础数据，其中区总人口为一市各区总人口之和。在此，分别对城市人口进行排序（表 5-6 和表 5-7）。对式（5-7）做对数变换，分别将城市按位序和规模呈现在双对数坐标轴上，再进行 $y=a+bx$ 形式的回归分析，从而得到城市规模分布双对数坐标（图 5-3 和图 5-4）。a 值在坐标图上是回归线的截距，反映第一位城市的规模。b 值在坐标图上是回归线的斜率，$|b|$ 接近 1 反映规模分布接近捷夫的理想状态；$|b|$ 大于 1 反映规模分布较集中，大城市规模突出，中小城市不够发育；$|b|$ 小于 1 反映规模分布较分散，高位次城市规模不很突出，中小城市比较发育。

表 5-6　第一规模分布人口排序

位序	城市	人口/万人
1	大连	583.37
2	锦州	310.19
3	葫芦岛	280.41
4	丹东	242.70
5	营口	233.80
6	盘锦	129.16

资料来源：《中华人民共和国全国分县市人口统计资料 2008 年》

表 5-7　第二规模分布人口排序

位序	地区	人口/万人	位序	地区	人口/万人	位序	地区	人口/万人
1	大连市区	298.31	7	普兰店市	82.76	13	黑山县	63.03
2	瓦房店市	102.62	8	丹东市区	76.88	14	建昌县	62.54
3	葫芦岛市区	98.32	9	盖州市	73.19	15	盘锦市区	60.08
4	锦州市区	92.86	10	大石桥市	72.30	16	凤城市	58.75
5	庄河市	92.29	11	绥中县	64.12	17	凌海市	57.49
6	营口市区	88.32	12	东港市	63.29	18	兴城市	55.43

位序	地区	人口/万人	位序	地区	人口/万人	位序	地区	人口/万人
19	北镇市	52.86	21	宽甸满族自治县	43.79	23	盘山县	29.55
20	义县	43.95	22	大洼县	39.54	24	长海县	7.40

资料来源：《中华人民共和国全国分县市人口统计资料 2008 年》

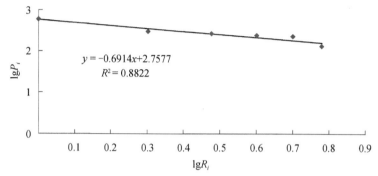

图 5-3　第一规模分布双对数坐标图

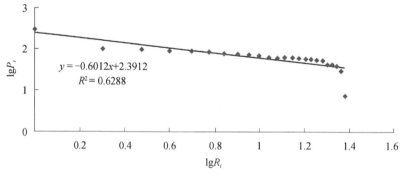

图 5-4　第二规模分布双对数坐标

　　由第一规模分布（图 5-3）可知，|b| 为 0.6914，|b| 小于 1，人口散布于各位序城市，位于高位次的城市规模不突出，在地级行政区划尺度上，六座港口城市总体规模分布相对均衡。

　　由第二规模分布（图 5-4）可知，|b| 为 0.6012，除去偏差较大的首位地区大连市区和末位地区长海县，经修正后，|b| 为 0.4192，相关系数 R 也由 0.7930 变为 0.9013（图 5-5）。在县（市、区）行政区划尺度上，规模分布总体上表现为均衡分布，且这种均衡性高于地级行政区划尺度。另外，由城市首位

律分析可知，大连市区在县（市、区）尺度的中心地规模分布中具有突出的首位度。

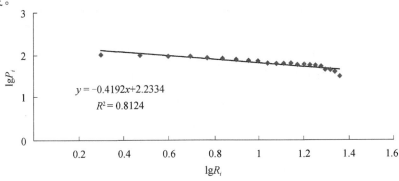

$$y = -0.4192x + 2.2334$$
$$R^2 = 0.8124$$

图 5-5　修正后第二规模分布双对数坐标

三、总体发展速度相对均衡下的县（市、区）规模异速发展

分析两个尺度下各港口城市在回归线上的分布位置，即城市规模的实际值与理论值之间的正负离差可知（表 5-8 和表 5-9）：

表 5-8　城市规模实际值与理论值之间的离差（第一规模分布）

项目	大连	锦州	葫芦岛	丹东	营口	盘锦
离差	0.0082	−0.0579	0.0200	0.0436	0.0944	−0.1086

表 5-9　城市规模实际值与理论值之间的离差（第二规模分布）

项目	大连市区	瓦房店市	葫芦岛市区	锦州市区	庄河市	营口市区
离差	0.0835	−0.1990	−0.1117	−0.0614	−0.0058	0.0227
项目	普兰店市	丹东市区	盖州市	大石桥市	绥中县	东港市
离差	0.0347	0.0375	0.0469	0.0691	0.0419	0.0590
项目	黑山县	建昌县	盘锦市区	凤城市	凌海市	兴城市
离差	0.0780	0.0940	0.0946	0.1017	0.1081	0.1072
项目	北镇市	义县	宽甸满族自治县	大洼县	盘山县	长海县
离差	0.1007	0.0339	0.0451	0.0129	−0.1020	−0.6921

（1）六座港口城市规模的实际值与理论值相当，偏差较小，各城市人口规模的发展速度相对均衡。

（2）24 个县（市、区）的规模实际值与理论值差异较为明显。其中，凌海市、兴城市、凤城市、北镇市的离差值大于 0.1，实际规模比理论规模偏大，反映出城市规模发展速度较快；盘山县、葫芦岛市区、瓦房店市、长海县离差值小于-0.1，实际规模比理论规模偏小，反映出城市规模发展前景较好，尤其是作为县级行政单位的长海县，城市人口规模合理扩张有很大的空间。

从总体上看，港口城市规模分布表现为城市辖区人口分布集中，总体人口分布相对均衡，在规模总体发展速度相对均衡的态势下，县（市、区）规模异速发展。

首位中心地大连市辖区的人口集中程度很高，作为港口城市中唯一的超大城市，这种规模特征与大连的区域地位匹配，彰显了大连的区域核心城市特征。地级市和县（市、区）级城镇中心地，尤其是县（市、区）级中心地的规模分布相对均衡，排除特殊地域（大连市区和长海县），各中心地规模差异小，分布均衡。总体上，位序-规模分布特征不显著，尤其是需要培植、扩容一些条件较好的县（市、区）级中心地，完善港口城市规模分布结构。六座港口城市总体发展规模与理论规模相当，城市发展速度相对合理，其中营口城市规模相对超前，盘锦城市规模相对滞后。县（市、区）级中心地规模发展差异相对明显，鉴于提升港口城市位序-规模水平的需求，一方面，对于规模超前发展的地区，可考虑提升该中心地的区域中心地位；另一方面，还需大力发展一些发展条件较好的中心地（如东港市、庄河市、营口市区等），通过促进这类地区规模的快速发展来调整规模分布，进而间接平衡各县（市、区）级中心地的发展速度，同时对于滞后地区需根据其实际情况采取适当的刺激手段推动其发展。

第三节　港口城市职能特征

一、城市职能的"再职能结构"特征

城市地理学一般认为，城市职能是指某城市在国家或区域中所起的作用和承担的分工（许学强等，2009）。其中，政治、经济和文化职能是一般城市的三大基本职能（顾朝林等，1999）。作为区域的中心地，政治职能体现城市对区域的行政管理作用；经济职能体现城市在区域中的生产、流通、信息传播、服务等作用；文化职能体现城市对区域教育、意识形态等的产生与传播等作用。区域是由城市之间密切联系形成的有机整体，区域内城市职能的有机组合统称为区域城市体系的职能结构。

港口城市天然具有交通运输（或水运交通）职能，若港口城市还具有对外进出口贸易等对外往来职能，则港口城市又体现口岸的职能。因此，与一般意义上的区域城市体系职能结构不同的是，港口城市群体的职能结构是在港口职能或门户职能基础之上的"再职能结构"。这一"再职能结构"具有以下三方面特点：

（1）城市与港口具有显著的职能耦合关系。港口职能是港口城市的共性，但是因城市所辖港口在区域港口体系中的职能与地位不同，港口城市在港口城市群体中具有与港口对应的城市职能，即港口城市与港口具有显著的职能耦合关系。例如，上海港作为长江流域港口体系中最大的综合性中心港口，其所依托的城市上海亦为长江三角洲地区以及长江流域地区城市体系的核心城市与首位门户城市。另外，港口功能具有转移性，随着港口由第一代—第二代—第三代，向第四代、第五代的演进，港口的职能特征也出现了阶段性的变化。例如，随着新加坡港由传统的中转和转口贸易大港向全球集装箱枢纽和跨国供应链管理中心的转变，新加坡也从全球城市等级金字塔末端发展成为经济全球化下的全球重要网络节点城市；随着港口生产职能的外迁与港口管理职能的升级，香港从加工贸易型城市转变为世界级金融中心与服务业中心城市。

（2）城市的区域综合性中心地属性。从中心地角度考虑，作为区域的中心地是城市的基本属性，城市的本质是区域的政治、经济、文化以及流通、管理、信息、服务等中心。在不同角度、不同条件、不同背景下，城市的这种中心性具有不同的影响范围，克里斯塔勒正是分别从市场、交通、行政三个角度来考察中心地的结构与等级规模。一般情况下，通常从综合角度考察城市作为区域中心地的影响范围，城市扩散域、城市功能区或城市作用区等概念便由此而来。

（3）城市职能具有多重性。这里所说的多重性反映在两个方面。一是城市职能空间尺度的差异性。即城市的职能因其所影响的范围而不同，由小到大可以划分为地方职能、近域职能和远域职能。其中，地方职能主要是针对城市本身，可视为城市的非基本活动部分；近域职能主要为城市区域中心性职能，从克里斯塔勒的中心性定义角度来看，中心地职能可归为这一范畴；远域职能往往体现为城市的专业性职能，具有较强的特征性与不可模仿性，如门户职能、制造业部门职能等。二是城市职能的多样性。城市作为区域的中心地往往具有多种职能，但是随着城市职能影响尺度的扩大，城市的职能类型减少且趋于专业化（图5-6）。

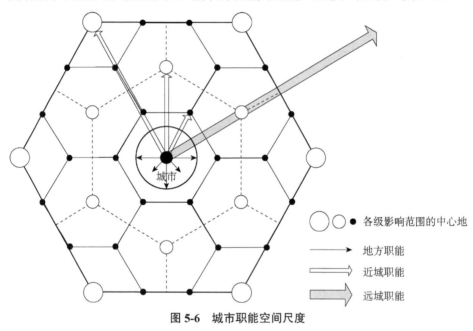

图5-6　城市职能空间尺度

二、工业中心职能的发展阶段

区域港口交通职能是港口城市的共性，但因城市所辖港口在区域港口体系中的职能与地位不同，港口城市在相应的区域系统中具有与港口对应的城市职能，即港口城市与港口具有显著的职能耦合关系。随着历史阶段的演进，港口功能演变往往与港口城市的发展过程和职能演变呼应（图5-7）。根据港口生命周期与港口城市生命周期的耦合过程，可将港口城市划分为四个发展阶段，各阶段的港口城市具有不同的职能特征。

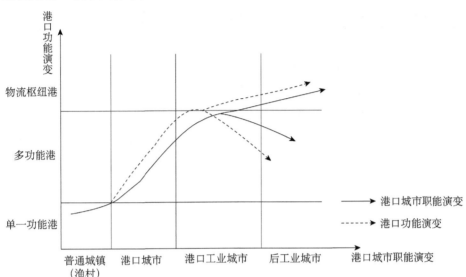

图 5-7　港口生命周期与城市生命周期演变关系

（1）普通城镇（渔村）阶段。城市的港口交通职能不突出，港口仅为城市地方性职能的基础设施部门，港口的活动为城市非基本活动部分，城市不具有传统意义上的港口交通职能，还不能称之为港口城市，仅为普通的城镇。

（2）港口城市阶段。港口对城市发展的影响作用显著。不论港城关系的模式是"城以港兴"，还是"港以城兴"，港口活动都是城市发展的重要驱动力，并作为城市的基本活动部门，使城市在近域职能系统中具有显著的港口性职能。这种职能主要表现为交通运输枢纽职能和对内、对外贸易的口岸职能等。同时，依托港口腹地的延伸，城市的港口交通职能亦向远域职能范围扩散。

（3）港口工业城市阶段。随着港口腹地的延伸，港口职能在向近域职能和远域职能范围扩散的同时，带动城市其他职能（如商贸、工业等）的空间拓展，主要表现为依托港口与港口腹地的联系而形成的城市对港口腹地地区的资源、资本、市场等生产要素的集聚与扩散，客观上形成了城市工业发展的优良的经济地理区位。在这一阶段，港口城市职能范围的扩张及相应职能作用强度的增强主要是城市自组织运行的结果,商贸、工业等基本活动部门的强化使城市港口交通职能的突出地位日益淡化。随着港城关系的变化,港口与港口城市的相对发展态势在这一时期会出现以下分异:①"港兴城兴",在港城互动发展关系模式下,港口与城市突破瓶颈相继步入新的生命周期,如中国香港、新加坡;②"港衰城兴",城市在成长过程中与港口渐行渐远,传统港口功能衰退,城市转型发展,如英国伦敦、美国纽约;③"港衰城衰",港口未能与时俱进,因不适应全球贸易关系的转变及船舶大型化、集装箱化的趋势,港口逐渐衰败,同时港口城市未能及时转型亦失去原有的辉煌地位,如英国利物浦、中国泉州;④"港兴城衰",港口功能与城市功能分离,港城关系日益松散,港口规模不断扩大、功能不断演变,城市仍按其自身轨迹发展,如中国连云港。

(4)后工业城市阶段。经济全球化与科技的发展促使全球城市进行空间重构,后工业城市也在这一时期逐步登上历史舞台,其特征总体上表现为经济结构由传统的生产层面向管理、服务层面转变,经济组织跨越地域屏障向全球尺度转变。就港口城市而言,基于港口工业城市阶段的分异路线会形成两类后工业城市。一类是港城互动关系下的后工业城市,如新加坡,随着港口发展成为全球尺度下供应链管理中心与资源配置的重要节点,新加坡也从全球等级金字塔末端发展成为经济全球化下的全球重要网络节点;另一类是港城分离关系下的后工业城市,如英国伦敦,随着城市发展的多元化,其发展要素不再以港口为核心进行配置,城市发展内涵发生转变(刘冉等,2008)。

现阶段,东北地区港口城市的快速发展得益于辽宁沿海经济带的开发。随着沿海港口的大规模开发建设,各城市或主动,或被动,或历史传承,或新生地被冠以港口城市的区域职能,港城关系强烈作用下的城市发展风生水起。

根据港口生命周期与城市生命周期演化关系及各港口城市的发展状况,六座港口城市总体上步入港口工业城市阶段,工业中心职能地位突出。初步形成了船舶修造、交通运输设备等先进装备制造业,石油化工、冶金等原材料工业,电子信息、生物医药、新材料、物流、软件等新兴产业的临港集聚区与集群。

其中，大连在实施东北亚国际航运中心战略的指引下，立足东北地区对外联系中心与环渤海地区极化中心，已发展成为以港口工业、金融、贸易、旅游为主的综合性港口城市。大连除具有优越的全球航运地理位置、良好的深水航道和港口条件、广阔而发达的陆向腹地、畅通的集疏运交通系统、重要的集装箱运输干线，还具有便捷的口岸通关环境、完善的信息化网络、良好的金融保险咨询法律等航运服务环境，同时城市正向功能完善的国际化城市与全球网络节点城市发展，正步入后工业城市阶段。

但是六座港口城市的发展历程却不尽相同，总体上看可以分为两类。一类是传统式演变型，包括大连、营口和丹东，城市所辖港口发展历史悠久，港城关系作为城市发展的主要机制贯穿于城市发展演变的始终，城市的港口职能为自发形成。另一类是跨越式演变型，包括锦州、盘锦和葫芦岛，城市的诞生与演变并非以港口为依托，在特定的历史机遇下，港城关系突变发展，城市的港口交通职能为政策驱动形成。

三、"一心、三足、双辅"职能格局

从港口城市交通职能特征来看（表 5-10），多年来大连是东北地区的主要对外贸易商港，并体现出综合性区域中心城市的职能；营口和锦州基于本地及直接作用地区丰富的自然资源和良好的工业基础，具有连接周边地区的贸易基地职能；盘锦和葫芦岛依据本身水路交通便捷和独特的管道运输特点，更多地体现为承接周边地区贸易的运输职能；丹东由于其特殊的地理区位和城市产业特点，以边境贸易为重点的对外贸易是其重要的职能。从总体上看，港口城市交通职能的组合体现为以大连为核心，以丹东、营口、锦州为三足支撑，以盘锦和葫芦岛为辅助的职能格局（图 5-8）。

表 5-10 港口城市交通职能特征

港口城市	职能特征
大连	以港口工业、港航产业、金融、贸易、旅游为主的贸易商港型及旅游型港口城市
营口	以轻纺工业为主的贸易基地型工业港口城市
锦州	以石油、化工为主的贸易基地型工业港口城市

港口城市	职能特征
盘锦	以油品运输为主的贸易运输型港口城市
丹东	以轻纺、电子等轻工业为主的贸易商港型港口城市
葫芦岛	以石化、油品、散货运输为主的贸易运输型港口城市

资料来源：易志云（2004）

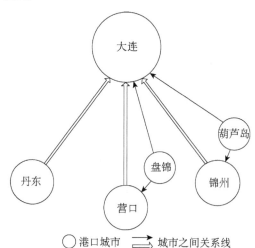

○ 港口城市　⇒ 城市之间关系线

图 5-8　港口城市职能格局

圆圈大小仅反映相对地位

　　另外，经济发展的外向性水平是港口城市区域作用力提升的重要指标，丹东和大连的经济外向性水平相对较高，其次是营口，锦州、葫芦岛和盘锦的经济外向性水平较低（表 5-11）。一方面，这反映出大连对腹地作用的巨大优势和丹东对腹地发展拉动的巨大潜力；另一方面，反映出营口、盘锦、锦州、葫芦岛对腹地经济发展的拉动能力不足。

表 5-11　东北地区港口城市经济外向性

港口城市	基于货物出口额的经济外向度/%	当年实际使用外资金额/万美元
大连	31.54	324 870
营口	25.57	12 038
锦州	11.50	13 034
盘锦	2.11	19 744
丹东	67.15	15 363
葫芦岛	13.95	3 885

资料来源：《中国城市统计年鉴 2018》

注：经济外向度估算公式为（货物出口额/GDP）×100%，2017 年美元对人民币汇率按 1：6.5 估算

第四节　港口城市城市化水平特征

一、总体水平相对落后

城市化作为一个复杂的社会过程，反映其水平的指标很多，如人口、土地利用、就业结构等。一般以城市人口占总人口的比重来反映城市化水平，这一指标能较好地反映人口在城市的集聚程度，在空间过程上又能反映人口的转移程度，因此这一指标得到了较为广泛的应用。但是受我国城市人口的统计口径变动及统计指标限制，连续多年同一口径下的城市人口数据较难获取，因此往往采用城镇人口（非农业人口）占总人口（常住人口）的比重来估算城市化率。一般测度公式为

$$L = \frac{U}{P} \times 100\% \qquad (5\text{-}8)$$

式中，L 为城市化水平；U 为城镇人口（非农业人口）；P 为总人口（常住人口）。

鉴于统计口径特征，以港口城市 2014 年和 2017 年常住人口与城镇人口为基础数据，并将数据代入式（5-8），以此评价港口城市城市化水平，如表 5-12 所示。

表 5-12　港口城市城市化水平多年变化　　　　（单位：%）

城市	城市化率		平均增长率
	2014 年	2017 年	
大连	78.08	78.39	0.13
营口	63.92	64.36	0.23
丹东	65.67	65.99	0.16
锦州	53.51	54.00	0.30
盘锦	71.81	72.51	0.32
葫芦岛	47.38	48.10	0.50
6 市平均	66.03	66.51	0.24
辽宁省	67.05	67.49	0.22
全国	54.77	58.52	2.14

资料来源：《辽宁统计年鉴 2015》《辽宁统计年鉴 2018》《中国统计年鉴 2018》
注：辽宁省和全国的城市化率以年末城镇人口比重进行估算

从 2017 年常住人口城市化率来看,大连作为首位城市的城市化水平最高,优势突出,其次是盘锦,二者均高于六座港口城市的平均水平及辽宁省平均水平;丹东和营口的城市化水平低于六座港口城市的平均城市化水平及辽宁省平均水平;锦州和葫芦岛城市化发展相对滞后,低于全国平均水平。其中,盘锦由于其特殊的城市发展历程与城市性质,城市化率相对较高;大连作为东北地区四大中心城市之一以及环渤海地区的核心城市之一,城市化率仅为 78.39%,同比其他同级别城市,城市化水平并不高。总体上看,除盘锦外,各港口城市作为我国东部开放地区的城市,城市化水平相对较低。另外,六座港口城市平均城市化水平(66.51%)略低于辽宁省平均水平(67.49%),高于全国平均水平(58.52%)。这反映出港口城市整体城市化发展相对落后,港口城市在辽宁省城镇体系格局中的实力地位并不显著,但是港口城市整体水平高于全国平均水平,也反映出作为我国东部沿海开发、开放地区的一部分,港口城市发展存在优势。

从城市化发展速度来看,葫芦岛、锦州、盘锦的城市化发展速度较快,新开发港口及随之配套的港航经济发展极大地推动了港口城市的城市化进程,而传统的港口城市(如大连、丹东和营口)城市化进程缓慢。总体上,各港口城市依托这一时期辽宁省及东北地区的沿海开发政策优势,城市化发展体现出一定的优势,但同比全国的城市化发展速度还存在巨大差距。

二、城市化空间分布表现为四点集中发展态势

以六座港口城市所辖县(市、区)为对象,以非农业人口占总人口的比重估算城市化水平,得到港口城市在 1999 年、2008 年、2012 年的城市化空间等级分布,如表 5-13 所示。

表 5-13 港口城市分县(市、区)城市化空间构成

城市化等级	1999 年	2008 年	2012 年
城市化率为 100%	西市区	中山区、西岗区、沙河口区、甘井子区、站前区、西市区	中山区、西岗区、沙河口区、甘井子区

续表

城市化等级	1999 年	2008 年	2012 年
60%≤城市化率<100%	西岗区、沙河口区、振兴区、古塔区、站前区、元宝区、兴隆台区、凌河区、龙港区、双台子区、甘井子区	古塔区、兴隆台区、长海县、元宝区、大洼县、振兴区、凌河区、双台子区、龙港区、旅顺口区、鲅鱼圈区、金州区	站前区、西市区、兴隆台区、长海县、古塔区、大洼县、元宝区、凌河区、龙港区、振兴区、双台子、旅顺口区、鲅鱼圈区、金州区、连山区
30%≤城市化率<60%	鲅鱼圈区、旅顺口区、连山区、金州区、南票区、太和区、振安区、瓦房店市	太和区、盘山县、连山区、南票区、振安区、瓦房店市、老边区、凤城市	太和区、盘山县、振安区、老边区、瓦房店市、普兰店市、凤城市、大石桥市
20%≤城市化率<30%	凤城市、长海县、大石桥市、宽甸满族自治县、老边区、兴城市、大洼县、黑山县、普兰店市、盖州市	大石桥市、普兰店市、黑山县、兴城市、宽甸满族自治县、凌海市、北镇市、东港市、庄河市	黑山县、庄河市、盖州市、南票区、宽甸满族自治县、兴城市、东港市、凌海市
城市化率<20%	北镇市、庄河市、东港市、义县、凌海市、绥中县、盘山县、建昌县	盖州市、义县、绥中县、建昌县	绥中县、北镇市、义县、建昌县

资料来源：《中华人民共和国全国分县市人口统计资料》（1999 年、2008 年、2012 年）

对比 1999 年、2008 年、2012 年港口城市城市化水平的空间分布，可以发现经过多年的发展，港口城市城市化发展的空间格局显示出了一定的特征。受东北老工业基地振兴以及辽宁沿海经济带开发等一系列规划建设的影响，具有优良港口条件以及位于重要交通干线节点的城镇获得了较快的增长，尤其是基于辽宁中部城市群的辐射扩散，辽东湾东北部的营口、盘锦一带城市化水平相对较高。六座港口城市所辖区域基本上形成四个较高城市化水平集中区，分别是以"营口—盘锦"为中心的辽东湾东北部、以"大连"为中心的辽宁南部、以"锦州—葫芦岛市区"为中心的辽东湾西北部、以"丹东"为中心的辽宁东部，各集中区由低水平的城市化地区连接，尚未形成连片均衡发展高水平城市化地区。从多年变化来看，辽东湾东北部和辽宁南部呈现出城市化水平微弱强化的态势，辽东湾西北部呈现出城市化水平微弱弱化的态势。

从总体上看，港口城市城市化水平特征表现为总体城市化水平相对落后，空间分布表现为四点集中发展态势。作为城市群体地域（城市群或都市带），六座港口城市各方面的发展条件还不够成熟。近年来，随着辽宁沿海经济带的开发建设，港口城市的发展一片繁荣，但总体实力仍较低，在辽宁省内地位不显著，尤其是落后于传统的辽宁中部城市群。虽然各港口城市在一系列区域政策的驱动下,城市化发展速度较快,但同比我国沿海其他地区的总体发展态势,在发展速度方面仍需要进行合理化的提升。城市化地区空间分布的四点集中发展态势,客观上反映出了港口城市城市化扩散的格局,即都市化地区影响格局。以这四个较高城市化水平集中区为节点都市区,提升相邻点之间地区的城市化水平将会促进港口城市的一体化发展,从而推动港口城市向成熟的城市群形式演进;以这四个较高城市化水平集中区为区域的核心都市区,城市功能向广大内陆腹地扩散,可以强化港口城市对腹地的区域作用,并以城市群的形式对广大东北地区区域发展产生拉动效应。

第五节 港口城市区域中心性特征

一、中心性内涵

中心性的概念来源于克里斯塔勒的中心地理论,是克里斯塔勒中心地理论系统的核心概念之一。一般认为,中心性(或中心度)是指中心地对周围地区所起的中心职能作用的大小,也指中心地发挥中心职能的程度,主要涵盖商业、服务业、交通运输业和工业(制造业)等方面。概念公式为 $C=B_1-B_2$,其中,C 为中心地的中心性,B_1 为中心地供给中心商品的数量,B_2 为中心地供给中心地自身中心商品的数量(李小建,1999;周一星等,2001)。由此,从城市职能的角度来看,城市中心性是指城市为城市本身以外地域提供的服务部分,即城市基本经济活动部分,既具有离心性,又具有向心性,空间上表现为以城市为中心的集聚-扩散现象。

以克里斯塔勒为代表的传统中心地理论研究认为,港口城市、专门性的制造业城市等天然为中心地,强调所研究地域的封闭性而忽视外部环境对研究区域的影响,对"超出研究区域"的中心地的影响不予考虑,因此港口城市这类区域专项职能性与经济发展外向性显著的城市被排除在中心地理论体系之外。之后,为弥补中心地理论的不足,出于更全面地解释城市产生、发展的需要,

"门户概念"和"集聚–规模经济理论"被引入解释城市形成与发展的理论基础中，由此形成了一般意义上的中心地城市、交通城市和特殊职能城市三大类型城市的划分（王茂军，2009）。其中，中心地城市即克里斯塔勒中心地理论中所研究的对象，是为满足广大农村地区物资集散和综合服务需要而形成的城市，如集镇、城镇、一般性的综合城市等；交通城市是指为满足区际贸易和交通转运需要而形成的以交通运输为主要职能的城市，如港口城市，以及铁路、公路、航空枢纽城市等；特殊职能城市是指为满足某种专门需要，在集聚–规模机制作用下形成的以某种专门职能为主的城市，如工业城市、旅游城市等（许学强等，2009）。

Bird（1973）从中心性角度将"中心地理论"、"门户概念"和"集聚–规模经济理论"进行有机结合，并以城市的区位与功能三角形图示（图 5-9）诠释了相应三类城市间的内在关系。Bird（1973）指出，三角形的顶点是各理论解释能力最强的聚落类型，随着远离顶点，相应各理论的解释能力减弱，但各理论交叉与综合解释能力增强。由此，由三种理论分别主导的位于三角形顶点的城市是最为典型与单一的城市类型。Bird 的研究是基于最小尺度的人口聚落，若将研究尺度定位于现代城市尺度，则集聚–规模经济作为内在机制遍在作用于各类城市，因此城市特性表现为以中心地理论为指引、以内生性发展模式为主导的一般综合性城市，以及以门户概念为指引、以外生性发展模式为主导的交通城市（港口城市）。

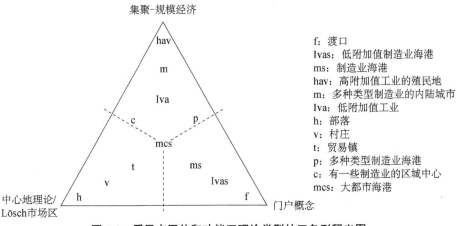

图 5-9   居民点区位和功能三理论类型的三角形释义图

资料来源：Bird（1973）；王茂军（2009）

另外，随着城市的不断发展，为避免因单一化带来的发展瓶颈与潜在危机，城市往往朝多元化的方向发展，职能上表现为由单一化朝复合化方向发展，随着城市系统开放性的增强，内生机制与外生机制往往协同作用于城市的发展，尤其是对于高等级的大城市而言，这种复合机制作用下的城市差异化特性趋于融合。例如，沈阳是位于辽宁省中部地区的传统内陆综合性中心城市，随着多式联运的发展以及面向海港的"陆港""干港""无水港"等的设立，沈阳在客观上具有了港口城市的属性。另外，随着沈阳近海经济区和沈阳—辽阳—鞍山—营口通海产业大道经济区的建设，沈阳的滨海区位性增强，凭借灵活便捷的陆路交通枢纽和面向大连、营口两港的海陆中转条件，广义上的沈阳可认为既是东北地区的综合性中心城市，又是东北地区的对外门户城市。

现代意义上的港口城市，尤其是具有一定行政级别的港口城市，并非仅是为交通运输服务的中转点，而是具有港口和城市的双重科学内涵，是港口和城市的有机结合体。其中，区域中心地是本质属性，港口职能是特征属性。因此，在对港口城市中心性的研究中，要同时关注其作为一般区域中心地的中心性和在港口职能耦合下的特征中心性。

二、中心性测度方法

城市中心性的测度始于克里斯塔勒的研究，在其中心地系统理论中，克里斯塔勒选择城镇的电话门数作为衡量城镇中心性的主要指标，采用服务能力的区位熵来测度城镇中心性，基本公式为（许学强等，2009）

$$Z_z = T_z - E_z \frac{T_g}{E_g} \qquad (5-9)$$

式中，Z_z 为城镇中心性；T_z 为城镇电话门数；E_z 为城镇人口；T_g 为区域内电话门数；E_g 为区域总人口。

此后，国内外学者分别对中心性的测度做了方法上的发展、完善与创新。归纳来看，比较流行的中心性测度方法可分为两类，一类是基于图论的测度方法，一类是基于区位熵的方法。

图论源于数学领域，由于区域城镇体系的网络性结构，图论的理念和方法通常被用于测定中心地的网络中心性特征。20 世纪中期以来，大量学者基于此探讨了不同的中心性测度方式与指标，其中受到较为广泛接受的测度指标是由弗里曼（Freeman）提出的度中心性、邻近中心性和介中心性三个测度指标（Freeman，1978；莫辉辉等，2010）。

区位熵由哈盖特（Haggett）提出并运用于区位分析中，可以反映事物的相对重要性。通过评价中心地职能相关指标的相对重要性来反映中心地的中心性。对于这一指标的选择，国外研究可分为三类：①反映城市经济活动，尤其是基本活动部分的人口数，如从业人员数量、消费者数量、不同产业的人口数等；②反映城市服务能力的设施指标，如电话门数、事务所、商场面积等；③反映城市服务量的各类流量指标，如生产、流通、信息等的发生量和流量（王茂军等，2005）。

初期，中心性多通过典型的单项指标予以测度，如克里斯塔勒采用电话门数、蒂茨（Tietz）采用城市零售总额、普雷斯顿（Preston）采用零售和服务业总量等。但是随着技术的发展，人类社会生活日益复杂，城市职能日趋多样化与综合化，仅仅通过电话门数、城市零售总额等单项指标已不能适应现代城市中心性的复杂内涵。因此，目前国内外研究多采用不同特点的多种指标，利用指标之间的交互组合测度中心性。例如，周一星等（2001）从商业、服务业、交通运输业和信息、制造业四方面选取九项就业人数的指标来测度中国的城市中心性；孙斌栋等（2008）从商贸中心性、服务中心性、空间作用中心性、制造业中心性和对外开放中心性五方面选取 11 项指标来反映城市中心性，其中既有从业人员相关指标，也有城市经济活动相关指标；薛丽芳等（2009）从生产中心性、商贸中心性、信息中心性、交通中心性和科教中心性五方面选取 15 项指标来测度城市中心性，指标选择更为多样化与综合化等。在指标选取基础上，对中心性的测度多采用简单加权模型、层次分析法、主成分分析法等方法。

另外，中心地的测度方法有开放性方法和封闭性方法之分，两个角度各有适用的情况和利弊。例如，克里斯塔勒和蒂茨等在构建中心性测度模型时，首先将研究区域作为封闭的系统，要求满足中心地和腹地一体化的要求，这有利于分析以城市为中心的不同层次的腹地特征；普雷斯顿和莫尔（Morre）的中心性测度模型则注重分析单体中心地的基本经济活动部分，没有将区域中的所有中心地作为一个整体进行考虑，具有一定的开放性特征（王茂军等，2005）。

新时期，信息化、网络化、全球化等时代背景，使得现代城市的发展具有显著的开放性特征，因此对于城市中心性的研究也应体现这一特征。周一星等（2000）基于普雷斯顿和莫尔对中心性的测度理念，结合我国实际对城市中心性的测度方法进行了系统且持续的研究，模型为

$$C_{ij} = U_{ij} - \frac{K_{ij} \times W_i}{100} \qquad (5\text{-}10)$$

式中，C_{ij} 为 i 城市 j 行业的中心性；U_{ij} 为 i 城市 j 行业的从业人员总数；K_{ij} 为 i 城市 j 行业的最小需要量；W_i 为 i 城市非农业从业人员总数。其中，城市各行业的最小需要量用莫尔的回归型最小需要量法求算（许学强等，2009）。

考虑到港口城市的双重属性以及数据获取的可行性，东北地区城市中心性的测度指标选取借鉴周一星等（2000）对城市中心性的评价方法并加以发展，从商贸中心性、服务中心性、生产中心性、流通中心性和管理中心性五方面选取 16 项指标构建一般区域中心地的中心性（一般中心性）测度指标体系；从交通职能中心性、外向型经济职能中心性和口岸职能中心性三方面选取五项指标构建依托港口区域功能的职能中心性（特征中心性）测度指标体系（表 5-14）。采用主成分分析法，考察港口城市作为区域一般城市的一般中心性特征，在此基础上叠加特征中心性指标，进而考察港口城市在港口功能耦合下的中心性特征。

表 5-14　城市中心性评价指标体系

指标分类			指标
一般中心性	商贸中心性	X_1	批发零售业单位从业人员（万人）
		X_2	金融业单位从业人员（万人）
		X_3	住宿、餐饮业单位从业人员（万人）
		X_4	房地产业单位从业人员（万人）
		X_5	租赁和商务服务业从业人员（万人）
	服务中心性	X_6	普通高等学校教师数（人）
		X_7	信息传输、计算机服务和软件业从业人员（万人）
		X_8	科学研究、技术服务和地质勘查业单位从业人员（万人）

指标分类		指标	
一般中心性	服务中心性	X_9	水利、水环境和公共设施管理业单位从业人员（万人）
		X_{10}	居民服务和其他服务业单位从业人员（万人）
		X_{11}	卫生、社会保障和社会福利业单位从业人员（万人）
		X_{12}	文化体育和娱乐业单位从业人员（万人）
		X_{13}	公共管理和社会组织单位从业人员（万人）
	生产中心性	X_{14}	制造业单位从业人员（万人）
	流通中心性	X_{15}	交通运输、仓储及邮电业从业人员（万人）
	管理中心性	X_{16}	政府行政管理力
特征中心性	交通职能中心性	X_{17}	客运总量（万人）
		X_{18}	货运总量（万吨）
	外向型经济职能中心性	X_{19}	货物进出口总额（万美元）
		X_{20}	实际外商直接投资额（万美元）
	口岸职能中心性	X_{21}	海关运作力

东北地区地域经济不仅具有相对独立性与完整性，作为东北地区港口城市的陆向腹地还具有单一性，因此对东北地区港口城市中心性的分析以东北地区（37个地级及地级以上城市）作为参照系考察港口城市的中心性特征。需要指出的是，开放性与外向性已成为现代城市发展的一般特征，且随着我国全面对外开放的深入，"口岸"这一概念已日趋淡化，城市可以凭借多种媒介（如互联网、电话网络等）和手段（如光缆、多式联运等）直接与世界联系。因此，交通职能、外向型经济职能、口岸职能等特征中心性指标并非港口城市的独有职能，而是港口城市的优势职能，特征中心性指标在理论上适用于包括港口城市在内的所有现代城市，具有一般性意义。

评价采用的基本数据主要来源于《中国城市统计年鉴 2013》和《中国区域经济统计年鉴2013》。其中，指标 X_1～X_{15} 采用市辖区数据，X_{17}～X_{20} 采用全市数据，"海关运作力"按照各市所辖海关采用打分方式，其中正局级海关 10 分，副局级海关 7 分，正处级海关 5 分，副处级海关 3 分，正科级海关 1 分；"政府行政管理力"采用打分方式，根据相关研究，省会城市为 5 分，副省级城市为 3 分，其余地级城市为 1 分（周一星等，2001）。

三、中心性等级特征与形变

以综合主成分得分作为城市的中心性指数。首先以一般中心性为分析对象，考察港口城市作为一般区域中心地的中心性特征，然后叠加特征中心性评价指标考察港口功能耦合下港口城市中心性（耦合中心性）的变化，得到如表 5-15 所示的评价结果。

表 5-15　东北地区中心地中心性指数

一般中心性			耦合中心性		
位序	城市	中心性指数	位序	城市	中心性指数
1	沈阳	10.35	1	沈阳	9.67
2	哈尔滨	9.92	2	大连	9.16
3	长春	7.55	3	哈尔滨	8.39
4	大连	7.04	4	长春	6.68
5	大庆	1.56	5	鞍山	0.95
6	鞍山	0.74	6	大庆	0.62
7	吉林	-0.28	7	营口	-0.12
8	抚顺	-0.45	8	吉林	-0.16
9	锦州	-0.47	9	丹东	-0.25
10	丹东	-0.48	10	锦州	-0.27
11	本溪	-0.49	11	齐齐哈尔	-0.46
12	营口	-0.50	12	本溪	-0.53
13	齐齐哈尔	-0.55	13	抚顺	-0.65
14	盘锦	-0.67	14	盘锦	-0.66
15	辽阳	-1.04	15	牡丹江	-0.92
16	朝阳	-1.11	16	佳木斯	-0.95
17	赤峰	-1.12	17	呼伦贝尔	-0.97
18	阜新	-1.14	18	辽阳	-0.98
19	牡丹江	-1.19	19	赤峰	-1.07
20	佳木斯	-1.25	20	葫芦岛	-1.23
21	白城	-1.27	21	朝阳	-1.27
22	葫芦岛	-1.29	22	鸡西	-1.28
23	四平	-1.39	23	通化	-1.33
24	松原	-1.40	24	通辽	-1.34
25	通辽	-1.41	25	阜新	-1.35
26	鸡西	-1.45	26	松原	-1.36

一般中心性			耦合中心性		
位序	城市	中心性指数	位序	城市	中心性指数
27	通化	-1.46	27	铁岭	-1.37
28	铁岭	-1.51	28	四平	-1.42
29	白山	-1.53	29	白山	-1.42
30	呼伦贝尔	-1.53	30	白城	-1.54
31	伊春	-1.57	31	双鸭山	-1.67
32	双鸭山	-1.67	32	伊春	-1.67
33	鹤岗	-1.68	33	黑河	-1.74
34	七台河	-1.71	34	鹤岗	-1.81
35	辽源	-1.76	35	绥化	-1.86
36	黑河	-1.84	36	七台河	-1.87
37	绥化	-1.95	37	辽源	-1.92

（一）港口城市在东北地区中心地系统中的地位

根据中心性指数的分布，东北地区中心地系统基本形成了两大层次分明的中心地阵营：由哈尔滨、长春、沈阳、大连四大城市构成的大区级中心地；由其余 33 个地级市构成的区域级中心地。这与东北地区城市的行政级别建制相吻合，且这种分化效果在耦合中心性的分布中更为显著（图 5-10 和图 5-11）。因此，东北地区港口城市中心性等级构成表现为以大连为大区级中心，以营口、锦州、盘锦、丹东、葫芦岛为区域级中心的"1-5"二级结构。

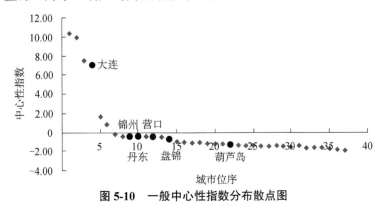

图 5-10　一般中心性指数分布散点图

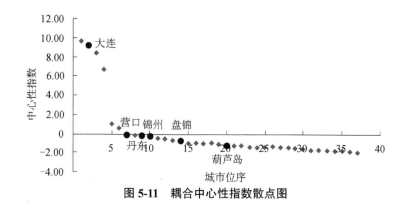

图 5-11 耦合中心性指数散点图

在现代城市与区域的发展过程中，城市与区域具有相互作用的关系，区域的发展需要高于区域本身层次的核心城市的拉动，同时核心城市需要其所依托的区域提供有力支持，从而在竞争中获取竞争力并进一步增强其对区域发展的拉动力。对于城市群体而言，核心城市越强，则区域拉动能力增强下的城市群体实力越强，同时城市群体越强，则区域支撑能力增强下的核心城市越强。一方面，大连位列东北地区中心地系统大区级中心地行列，作为东北地区港口城市群体的核心城市，其较高的中心性水平具有拉动港口城市群体区域发展的能力，并使得港口城市群体在东北地区具有基本的群体实力；另一方面，营口等五市为东北地区中心地系统的区域级中心，中心性强度水平较高，显示出港口城市群体具有较好的中心地实力水平架构，但是与大连较为突出的耦合中心性实力相比，营口等五市的耦合中心性指数表现并不突出，即港口城市群体的区域级中心城市对大区级中心城市大连的职能性支撑不足。

（二）港口功能耦合下港口城市中心性形变

在一般中心性的基础上，叠加特征中心性指标之后，港口城市的中心性会发生形变（图 5-12）。其中，大连中心性指数在东北地区 37 个城市中的形变最为显著，港口功能耦合之后，大连中心性水平显著提高，由东北四大城市之末跃升至第 2 位。一方面，反映出在开放性和外向性的发展背景下，大连在东北地区区域发展中具有核心地位；另一方面，反映出大连在东北地区中心地系统中具有显著的个性特征。营口作为东北地区第二大门户港口，中心性水平位次提升较为明显，由第 12 位跃升至第 7 位，但强度形变较小，这反映出营口作为港口城市的区域职能中心特征已显现，但是与营口港强大的港口实力相比，营口作为港口城市的区域职能未得以充分发挥。

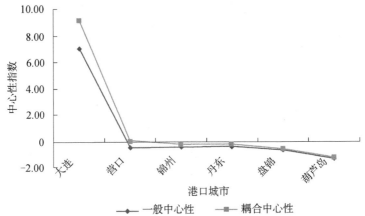

图 5-12 港口功能耦合下港口城市中心性形变

从变化效应上看，港口城市表现出以下两种状态：

1）大连、营口、丹东和锦州在港口功能耦合之后，城市的中心性水平提升明显，反映出这 4 座城市作为港口城市的中心性水平高于作为一般城市的中心性水平，即由港口催生的城市职能与城市作为一般中心地的职能成正向关系，港口城市职能越显著则城市在区域城市系统中的中心地位越高。

2）盘锦和葫芦岛在港口功能耦合之后，城市中心性水平提升微弱。一方面，城市本身开放性与外向性能力偏弱；另一方面，港口实力较弱，港口作为城市与区域联系以及城市外向型经济发展的纽带与平台，对城市职能构成的影响微弱，城市的港口城市职能属性特征不明显。

四、中心性构成特征

考虑到一般中心性和特征中心性指标构成与数据的差异，分别采用城市中心性评价模型（周一星等，2001）和区位熵法，对港口城市一般中心性和特征中心性的构成予以评价。对于一般中心性的分析，基于城市辖区非农业从业人员规模，将东北地区 37 个城市划分为七个规模等级，提取最小从业人员比重样本值（表 5-16），选取相关指数（R^2）大于 0.5 的行业部门计算城市行业最小需要量，分行业对各城市中心性进行测度并排序。对于特征中心性的分析，采用的是全市数据，中心地与中心地的腹地具有一体性，假设东北地区为一封闭系统，各行业构成需满足东北地区的需要，因此采用区位熵法对特征中心性进行测度，中心性值>0 表示具有特征中心性；中心性值<0 表示无特征中心性，该城市是具有特征中心性城市的从属城市。

表 5-16 各规模级城市行业最小从业人员比重

规模分级/万人	中位数人口/万人	城市数/个	行业最小从业人员比重/%							
			X_1	X_2	X_3	X_4	X_5	X_6	X_7	X_8
>50	101.08	4	4.35	4.07	1.91	2.44	1.35	1.87	1.66	2.16
25～50	25.81	5	2.72	2.55	0.35	1.20	0.04	0.23	0.90	1.46
15～25	19.66	6	2.15	3.32	0.35	1.42	0.34	0.48	1.14	1.04
12～15	13.48	5	0.82	3.78	0.08	0.22	0.30	0.28	1.21	0.68
9～12	10.49	5	0.09	2.97	0.09	0.44	0.88	0.17	0.87	0.26
7～9	8.33	8	1.00	3.06	0.23	0.50	0.33	0.22	1.71	0.93
<7	26.63	4	1.31	0.76	0.33	0.64	0.33	0.53	0.34	0.38

规模分级/万人	中位数人口/万人	城市数/个	行业最小从业人员比重/%						
			X_9	X_{10}	X_{11}	X_{12}	X_{13}	X_{14}	X_{15}
>50	101.08	4	1.51	0.37	3.41	0.97	4.90	22.99	5.13
25～50	25.81	5	0.72	0.12	1.73	0.47	4.91	14.60	0.99
15～25	19.66	6	1.37	0.05	3.75	0.51	7.03	13.18	1.16
12～15	13.48	5	1.62	0.08	2.13	0.32	10.03	7.37	1.48
9～12	10.49	5	0.87	0.09	1.85	0.53	7.26	1.22	0.88
7～9	8.33	8	1.97	0.12	2.20	0.56	11.71	2.55	2.23
<7	26.63	4	1.27	0.38	4.78	0.76	11.41	3.07	2.28

（一）一般中心性构成

由表 5-17 可知，大连各项行业的中心性除科学研究、技术服务和地质勘查业单位从业人员（X_8）中心性以外，均居东北地区前 5 位，尤其是金融业单位从业人员（X_2），住宿、餐饮业单位从业人员（X_3），房地产业单位从业人员（X_4）和制造业单位从业人员（X_{14}）中心性居第 1 位。其中，房地产业单位从业人员（X_4）和制造业单位从业人员（X_{14}）的中心性水平与第二位城市相比有较大优势；科学研究、技术服务和地质勘查业单位从业人员（X_8）中心性水平低于大连在东北地区的综合地位，这是大连各行业中心性构成的薄弱环节。从总体上看，大连作为大区级中心地已表现出综合中心的特征。

表5-17 港口城市分行业一般中心性位序

城市	X_1	X_2	X_3	X_4	X_6	X_8	X_{13}	X_{14}
大连	2	1	1	1	4	16	4	1
丹东	11	27	9	4	18	7	27	12
锦州	5	3	22	10	6	6	8	14
营口	16	9	5	16	34	34	11	5
盘锦	7	32	17	11	35	28	37	26
葫芦岛	25	6	31	34	29	21	10	10

营口、锦州、盘锦、丹东和葫芦岛五市分行业中心性出现分化（表5-18）。以位于东北地区前10位（包括第10位）的分行业中心性（表5-17）作为区域级行业中心判断依据，五市中心性分化特征体现在以下两个方面。

（1）城市中心性类型：锦州的中心性最为多样化，涵盖八类中心的六类（X_1、X_2、X_4、X_6、X_8、X_{13}），其次为丹东、营口和葫芦岛，均承担了三类中心（丹东：X_3、X_4、X_8；营口：X_2、X_3、X_{14}；葫芦岛：X_2、X_{13}、X_{14}）。盘锦仅为批发零售业中心（X_1），且其他行业中心性水平普遍偏低，作为辽宁省乃至东北地区海向发展的战略性节点城市，盘锦的城市中心性构成与水平不足以支撑其区域战略地位。

（2）城市中心性地域分布：整体上各市都有其相对突出的行业中心性，表现出一定的区域差异特点和错位发展优势；尤其是环辽东湾的锦州、营口、盘锦、葫芦岛四市，这四市行业中心构成有序，且形成了差异化匹配，有能力承接综合中心大连的功能扩散。但城市之间，城市功能相似甚至雷同。例如，锦州和葫芦岛地域毗邻，在金融业方面表现出相似的职能优势，在住宿、餐饮业方面表现出相同的职能缺陷；丹东受空间距离影响在区域港口城市的行业中心分化中有被边缘化的现象和趋势。

表 5-18　港口城市行业一般中心性分化

城市	中心类型
大连	综合中心
丹东	住宿、餐饮业
锦州	普通高等学校教育，科学研究、技术服务和地质勘查业，金融业，卫生、社会保障和社会福利业，租赁和商业服务业
营口	租赁和商业服务业，文化体育和娱乐业，交通运输、仓储及邮电业，住宿、餐饮业
盘锦	租赁和商业服务业，住宿、餐饮业，房地产业
葫芦岛	住宿、餐饮业，金融业，制造业

（二）特征中心性构成

特征中心性体现的意义是中心地行业职能对其以外区域产生的专项基本活动部分，对于港口城市而言，则直接反映为对其腹地影响力的强度。作为东北地区面向世界"走出去"与"引进来"的窗口和平台，理论上港口城市除了具备一般中心性之外，还应在交通运输、外向型经济发展等方面具备显著的特征中心性。

由表 5-19 可知，大连的货运中心性、货物进出口中心性和吸引外资中心性三项特征中心性十分显著，尤其是作为东北地区首位门户城市，货物进出口中心职能对东北地区具有强大的影响力，在吸引外资中心职能方面与沈阳形成呼应，构成东北地区的双中心格局。但大连缺失客运中心职能，体现出其作为港口城市交通运输功能的不足，在一定程度上影响了大连作为大区级中心地的地位。

表 5-19　港口城市特征中心性构成　（单位：$\times 10^4$）

城市	X_{17}		X_{18}		X_{19}		X_{20}	
	位序	中心性	位序	中心性	位序	中心性	位序	中心性
大连	无	−0.45	1	1.02	1	510.42	1	97.13
丹东	11	0.14	15	0.14	5	14.44	3	5.65
锦州	16	0.03	5	0.87	无	−3.87	6	3.13
营口	19	0.01	4	0.90	4	22.10	4	5.51
盘锦	无	−0.37	无	−0.11	无	−43.87	5	5.01
葫芦岛	14	0.05	9	0.53	无	−10.37	7	0.47

营口、锦州、盘锦、丹东、葫芦岛五市的特征中心性除了吸引外资中心性外，总体上发育不足，表现在：

（1）在客运中心性方面，丹东、葫芦岛、锦州和营口四市具有中心性影响力，但相比各城市的区域战略地位则均不够显著。其中，锦州作为辽西地区的战略核心城市，虽具备客运中心性特征，但是表现值仅为 0.03，影响力微弱；盘锦不具备客运中心性。

（2）在货运中心性方面，营口和锦州具备一定的中心性区域影响力。其中，营口 0.90 的中心性表现值能够为沈阳、抚顺等从属城市提供有效的货运支撑，但是作为拥有亿吨大港的门户性城市，中心性水平仍较低；锦州货运中心性水平仅次于营口，作为辽西及东北东部地区最近的出海口，这一中心性水平体现出锦州较好的职能潜力。另外，随着近年来港口等基础交通设施的兴建，葫芦岛也表现出了一定的职能优势；但传统贸易口岸丹东的中心性不显著，表现值仅为 0.14；盘锦不具备货运中心性，处于从属城市地位，作为港口城市，反映出城市港口货运功能发展的不足。

（3）在货物进出口中心性方面，营口和丹东具有一定的中心性水平，其中心性表现值分别为 22.10 和 14.44，虽与高位序中心城市仍存在较大差距，但已体现出一定的区域影响力，具有承接其毗邻城市物流以及支持核心城市功能的能力与潜力。葫芦岛、锦州和盘锦不具备货物进出口中心性，作为拥有一类口岸的港口城市，货运进出口能力不具有区域影响力。

（4）在吸引外资中心性方面，五市均具备这一中心性特征。从位序上看均位居东北地区城市的前列，共同构成了以沈阳（中心性表现值为 29.18，排序为第 2 位）和大连为双中心的东北地区外资集聚中心。

第六节　港口城市区域作用

一、区域地位分析

（一）与辽中南城市群关系分析

辽中南城市群是我国较早发展形成的城市群之一，与东北地区港口城市在地域上交叉、毗邻，传统的辽中南城市群是包括大连和营口在内的 7 个地级及地级以上城市及其所辖的 12 县 8 市（县级市），随着城市群的不断成长，丹东、盘锦陆续进入辽中南城市群范畴①（姚士谋等，2006，2016）。

辽中南城市群以重工业为中心，形成分工明确有序、协作配套的城市间密切的经济联系。其中，空间结构上以沈阳为政治、经济、文化三位一体的区域综合性中心城市，以大连为对外联系门户中心，二者形成一主一副、一综合一门户的"双核"空间结构。但是，随着营口港的崛起以及大连自身区域综合中心地位的提升，这种"双核"结构发生了微妙的改变。

一方面，辽中南城市群的分化。双核结构框架下的辽中南城市群的城镇分布呈现两头密集、中间稀疏的状态，据研究海城市距瓦房店市 170 公里区段是沈大经济带的断裂点（王士君等，2014）。由此，传统的辽中南城市群由两个主体部分构成：一是以沈阳为中心的辽宁中部城市群地区，各城市经济相互依存、联系密切，并形成以沈阳大都市圈为核心的一体化与向心化发展趋势。二是大连市域，大连的经济结构虽然表现出强烈的外向型经济特征，与辽宁中部城市群形成互补，但是大连自身产业配套完整，尤其是重型机械、石油化工等产业部门与辽宁中部城市群形成对峙之势。同时，在东北地区资源约束下，港口强大的资源配置能力进一步强化了大连区域产业中心，尤其是东北地区传统重工业中心的地位。因此，大连正逐步摆脱辽中南城市群副中心的地位，城市综合实力的增强使大连具备了统领辽宁沿海各港口城市并形成新城市群体的实力。

另一方面，营口港的崛起。营口鲅鱼圈港区启用以来，随着港口条件、集疏运条件与管理水平的不断提升，营口港对辽宁中部城市群的地理区位优势向经济地理区位优势转化。作为辽宁中部城市群最便捷的出海口，随着沈阳—营口产业大通道的建设，"沈阳—营口"双核结构日益凸显，不断影响着大连与辽宁中部城市群各城市的相互作用关系。

辽中南城市群的分化和营口港的崛起，一方面，使各港口城市可以摆脱作

---

① 辽中南城市群包括沈阳、大连 2 个副省级城市，鞍山、抚顺、本溪、营口、辽阳、铁岭、丹东、盘锦 8 个地级城市，含 12 个县级城市、18 个县。

为各自腹地出海口的单一区域功能。在核心城市大连的带动下，形成面向东北广大腹地港口城市地带区域，以及具有区域示范性、管理性、引导性甚至主导性的功能性地域。另一方面，增加港口城市整合与一体化发展的难度。大连作为港口城市地带的核心城市，其地带中心功能的发挥受到营口的干扰，大连港与营口港之间显著的、不稳定的竞争关系，导致港口城市之间的整合关系难以把握。

（二）在环渤海地区中地位分析

环渤海地区是继长江三角洲地区、珠江三角洲地区之后崛起并快速发展的我国国民经济发展的增长极地区。广义的环渤海地区又称大渤海地区，包括辽宁、河北、山西、山东四省，北京、天津两个直辖市及渤海海域（韩增林和栾维新，2001）。狭义的环渤海地区是指环绕渤海沿岸和部分黄海沿岸分布的 17 个城市，包括丹东、大连、营口、盘锦、锦州、葫芦岛、秦皇岛、唐山、天津、沧州、东营、潍坊、烟台、威海、滨州、青岛、日照，2017 年该地区土地面积为 17.6 万平方公里，总人口近 8160 万人[①]，是我国北方对外开放的重要窗口和前沿阵地。

从行政区划角度来看，环渤海地区不是一个完整的地域单位。总体上，由辽宁沿海地区、津冀沿海地区和山东半岛沿海地区三部分构成，分别依托"大连—沈阳"、"天津滨海新区—天津—北京"和"青岛—济南"三条轴线，辐射广大内陆腹地地区，拉动区域经济的发展。6 座港口城市所形成的辽宁沿海地区作为环渤海地区的北支，其直接经济腹地是广大东北地区，综合实力弱于与其隔海对峙的山东半岛沿海地区。地域面积约占环渤海地区总面积的 1/3，经济、人口、社会发展等水平均处于弱势地位，尤其是经济密度水平尚不足津冀沿海地区水平的一半（表 5-20）。总体上，由东北地区的港口城市所形成的辽宁沿海地区在环渤海地区"三极格局，三轴辐射"的基本框架中处于弱势地位。

---

① 《中国城市统计年鉴 2018》。

表 5-20　2017 年环渤海地区构成与对比

地区	城市个数/个	面积比重/%	经济密度/（万元/公里²）	人口密度/（人/公里²）	人均 GDP/元	首位城市规模/万人
辽宁沿海地区	6	32.87	1 439.12	305.09	47 169.67	595
津冀沿海地区	4	27.17	4 943.33	602.54	82 041.04	1 050
山东半岛沿海地区	7	39.96	2 864.01	499.59	57 326.66	908

资料来源：《中国城市统计年鉴 2018》

（三）在东北经济区中地位分析

在新一轮的东北振兴发展中，辽宁沿海经济带是东北地区经济振兴的新的增长点，其地域载体正是六座港口城市。进入 21 世纪，在全球化快速发展的背景下，经济要素正逐渐向沿海地区集聚。以港口城市为龙头，带动区域经济发展已成为区域经济空间格局调整与发展的基本态势。多年来，东北地区的经济活动主要集中在哈大一线，随着东北地区对外开放的不断深入，在资源约束背景下，港口城市依托港口集疏运条件形成强大的资源配置能力。于是，人口、技术、资金、经济、基础设施等要素开始向沿海地区流动，尤其是资源、产品等大进大出的产业部门向港口城市转移集聚，如鞍山钢铁集团有限公司在营口的落户、东北地区内部的中心城市功能向大连的转移等。港口城市在东北经济区中的地位正由传统的对外联系通道、门户，转变为东北经济区新的极化中心与增长点。例如，《中共中央　国务院关于全面振兴东北地区等老工业基地的若干意见》指出，支持沈阳、大连、长春、哈尔滨等地打造国内领先的新兴产业集群；研究加快大连东北亚国际航运中心建设的政策；在沈阳—大连等创新资源集聚地区布局国家自主创新示范区[①]，这彰显了大连的东北地区综合性增长极地位。

二、区域作用载体与条件

（一）区域作用载体

港口城市通过各级各类区域网络系统与腹地区域发生相互作用关系，同时网络系统又可作为区域作用载体支撑港口城市与区域形成便捷的联系。这种网

---

① 中共中央　国务院关于全面振兴东北地区等老工业基地的若干意见[EB/OL]. http：//www.gov.cn/zhengce/2016-04/26/content_5068242.htm[2019-06-20].

络系统包含三个层面：一是基础设施网络，如高速公路、铁路、水路、管道、航空等交通设施，以及通信线、给排水系统、电力系统等市政设施；二是流网络，如交通流、人流、货流、通信流、资本流等；三是意识形态网络，如文化、信息、技术、知识、人际关系等。

我国学者在对城市群的研究中同样强调，现代化的交通工具、综合运输网络、信息网络是城市之间联系的纽带，对于港口城市，这种网络条件尤为重要。交通、通信设施网络是港口城市对区域产生作用的核心载体，尤其是作为港口集疏运系统的主体，交通设施网络往往是港口城市发展的生命线与动力源。市政设施网络是城市运行的基础与保障，尤其是现代城市早已摆脱自给自足的发展模式，分工与区域资源配置是其基本的发展模式。流网络是城市与区域联系的实体，亦是城市获得收益与增长的源泉。意识形态网络正日益深刻影响着城市与区域关系的方式、程度与效益。

服务于港口的集疏运网络以及城市与区域联系的交通、通信设施网络，总体上包括铁路网络、公路网络、管道网络、水运航线网络、航空网络、信息网络。东北地区的传统产业部门为农业和工业，重工业地位突出，港口城市与东北腹地经济联系的集疏运载体主要为适宜大宗货物运输的铁路和公路交通（表5-21）。2017年，东北地区铁路货运量比重为10.54%、公路货运量比重为84.71%、铁路客运量比重为23.08%、公路客运量比重为76.20%。其中，辽宁省铁路货运量比重为8.21%、公路货运量比重为85.26%、铁路客运量比重为19.68%、公路客运量比重为79.56%[1]。辽宁省水运客货运输占有一定的比重，铁路客货运输比重低于东北地区整体水平，但是辽宁省公路客货运输高于东北地区整体水平，反映出辽宁省内公路网络对港口城市区域作用的承载能力更为显著，港口近域腹地货物集疏运具有公路设施依赖指向。

表5-21　东北地区港口集疏运体系构成

港口	主要集疏运形式	核心线路
大连港	铁路、公路、管道、水运	哈大线、沈大高速公路、大丹高速公路、201国道、202国道、八三管线、环渤海滚装运输线等
丹东港	铁路、公路	沈丹线、鹤大高速公路、201国道等

---

① 《中国统计年鉴2018》。

港口	主要集疏运形式	核心线路
锦州港	铁路、公路、管道	京哈线、滨海公路、京哈高速公路、102国道、305国道等
营口港	铁路、公路、管道	长大线、沈大高速公路、202国道、305国道等
盘锦港	铁路、公路	沈盘铁路等
葫芦岛港	铁路、公路、管道	京哈线、京哈高速公路、102国道等

（二）区域作用条件

基于港口腹地范围，港口城市功能的陆上影响区域广义上可辐射整个东北地区乃至俄罗斯远东地区。由于城市功能扩散的行政边界阻隔效应与弱化效应，六座港口城市的直接作用区域为辽宁省地域范围。

东北地区综合交通运输方式齐全，网络式框架初步构建。以铁路和公路为主体，初步形成了多种运输网络相互交错的综合运输体系。交通基础设施布局与产业布局密切关联，形成了"干"字形的核心大通道。其中，哈大铁路、哈大一线高速公路、102国道和202国道构成南北纵向干线，滨州铁路和滨绥铁路、301国道、绥满高速构成北部横轴，沈山铁路和沈丹铁路、102国道、304国道、沈丹高速、京哈高速构成南部横轴。网络密度分布依次是辽宁省、吉林省、黑龙江省、蒙东四盟市（赤峰市、通辽市、兴安盟、呼伦贝尔市），其中辽宁省路网密度条件相对较好，公路密度为0.83公里/公里^2，铁路密度为0.04公里/公里^2，作为港口城市的近域腹地，对港口城市区域作用的承载能力最强（表5-22）。

表5-22　东北地区公路铁路规模构成

地域	公路里程/公里	公路密度/（公里/公里^2）	铁路里程/公里	铁路密度/（公里/公里^2）
辽宁省	122 705	0.83	5 915	0.04
吉林省	103 896	0.55	5 044	0.03
黑龙江省	165 989	0.35	6 232	0.01
东北三省	392 590	0.49	17 191	0.02

资料来源：《中国统计年鉴2018》

1. 公路网络

东北地区公路里程为39.26万公里，其中等级公路里程为35.1万公里[①]。相关研究显示，东北地区基本实现了地级市（盟）通二级以上高等级公路、县县通柏

---

① 《中国统计年鉴2018》，东北地区指辽宁省、吉林省和黑龙江省地域范围。

油路、乡镇通公路，形成了以哈尔滨、长春、沈阳和大连为枢纽，以国道、省道、高速公路为骨架，以县乡公路为网络，连接境内外各级中心地及港口的四通八达的公路交通网络。地域分布上形成的"六纵五横"的公路交通干线结构（张宝国，2008）（图5-13），可覆盖东北地区绝大部分城市、工农业生产基地、口岸重镇等重要中心地。公路网络对港口城市区域作用的承载有区域作用扩散线、区域作用分化线、区域作用支线三种形式。其中，辽宁、吉林、黑龙江三省内的纵向干线主要为港口城市区域作用扩散线（如Ⅰ、Ⅱ、Ⅲ、Ⅳ、Ⅴ），北部横向干线多为区域作用支线（如ⅲ、ⅳ、ⅴ），南部横向干线多为区域作用扩散线（如ⅰ、ⅱ）；蒙东四盟市纵向干线为港口城市区域作用分化线（如Ⅵ），横向干线主要为支线。

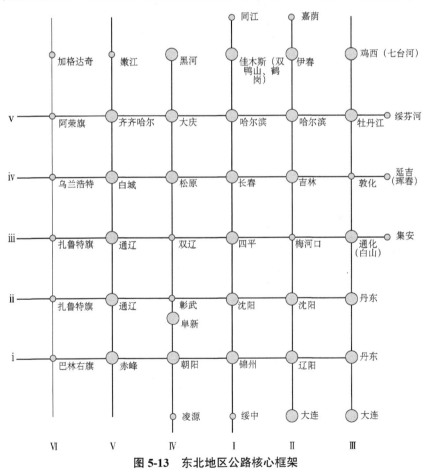

图 5-13　东北地区公路核心框架

2. 铁路网络

东北地区铁路总营运里程达 1.72 万公里，干支线 90 余条，以大连、沈阳、长春、哈尔滨、本溪、锦州、齐齐哈尔、佳木斯、牡丹江和通辽为中心，连接东北地区内外大中城市和港口。以哈大—滨州、滨绥为"T"形中心轴线，形成"四纵五横"的主体框架（张宝国，2008）（图 5-14）。哈大铁路与滨州、滨绥铁路前身是沙俄统治时期修建的中东铁路，自开通之时便成为东北地区物资集散的核心载体，大连港取代营口港成为东北首位门户也正是源于该铁路强大的港口集疏运能力。东北铁路网络纵向主要为港口城市区域作用扩散线，其中主体在蒙东境内的京通—通让线为区域作用分化线；横向主要为支线，其中沈丹线为区域作用扩散线，沈山线为区域作用分化线。

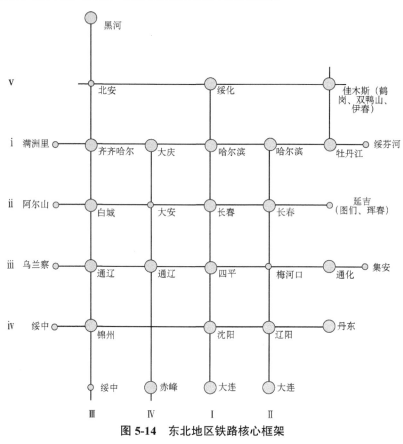

图 5-14　东北地区铁路核心框架

随着 2008 年京津城际铁路的开通运营，高速铁路客运形式在我国铁路运输领域逐渐繁荣起来，按照《中长期铁路网规划》和《铁路 "十二五"发展规划》，以 "四纵四横"快速客运网为主骨架的高速铁路建设及运营迅速发展，网络日益完善[1]。东北地区形成了主体为 "三横一纵"的高速铁路运营框架[2]（图 5-15）。目前，我国高速铁路运营主要是客运形式，对于港口货物的集疏运支持较弱，但是从人口流动的角度，高速铁路网络对港口城市与腹地经济社会联系的形成意义重大。

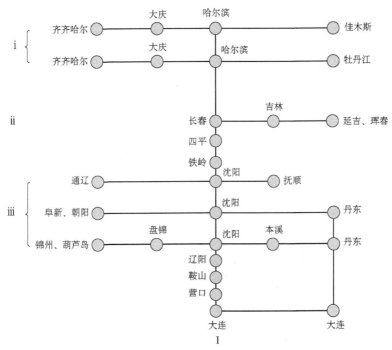

图 5-15 2019 年东北地区高速铁路框架

3. 其他交通网络

水运、管道和航空交通网络对港口城市的区域作用承载能力较弱。其中，东北地区内河航道网络里程为 6967 公里，主要集中在黑龙江水系，2015 年规

---

① 中国高速铁路[EB/OL]. http：//www.nra.gov.cn/ztzl/hyjc/gstl_/zggstL/201602/t20160215_21046.html[2019-07-10].

② 中国高速铁路网络示意图[EB/OL]. http：//crh.gaotie.cn/[2019-07-10].

模以上港口（哈尔滨港和佳木斯港）货物吞吐量仅为 331 万吨[①]。一方面，航道通行能力多为千吨级及以下，运载效率远不及铁路；另一方面，部分航道（如黑龙江航道、鸭绿江航道）为界河，因进出国境约束，航道利用率很低。另外，航道里程短，且具有疏港区位的河流不发育。例如，曾经因内河航运繁盛一时的辽河因河道淤塞、水量不足而无法承载规模化的货轮通航。管道网络主要针对东北地区的石油和天然气的运输，以铁岭为枢纽，连接大庆—抚顺、大庆—秦皇岛、大庆—大连三条核心管线，主要承载油（气）田至石化企业和外运港口的运输。航空网络以沈阳、大连、哈尔滨和长春为主枢纽，以丹东、吉林、齐齐哈尔、赤峰等 16 个城市为支线，共有航线 194 条。虽然航空运输的速度快，但是运价高、一次承载力低，而东北地区的货物流主体是大宗的、低附加值的原材料或产品，因此航空网络主要用于旅客的国内外运输，与港口集疏运系统及城市间经济联系的关联较小。

4. 信息网络与新型物流平台

随着信息技术的成熟以及对经济社会影响的不断深入，以互联网、电信网、广播电视网为实体的信息网络，已成为现代城市与区域乃至世界联系的重要载体。对于港口城市，电子口岸、电子商务和电子港务网络系统是港口城市与区域联系的新型载体。采用网络技术将与港口相关的各类单位连接起来，把相关资金流、信息流、货物流等集中于公共网络平台，实行数据的共享与交换。一方面，极大地提高了港口作业效率与服务水平；另一方面，强化了城市区域管理中心职能并拓展了这一职能的影响范围。2008 年 8 月，辽宁电子口岸平台正式开通，为东北地区进出口企业提供"一站式"通关服务，成为港口城市对东北地区实行跨区域大通关服务的核心信息网络载体。

基于发达的信息网络发展起来的"内陆港"和"多式联运"，成为港口与腹地联系的新模式，二者相辅相成。内陆港又称无水港、干港，是指在内陆地区建立的具有报关、报验、签发提单等港口服务的物流中心。营口港最先将港口和口岸功能向腹地前移，在沈阳设立营口港沈阳陆港，并在辽宁中部城市群各市设立营口港办事处（丁薇和程永军，2008），至 2015 年，大连港、营口港、

[①] 《中国交通运输统计年鉴 2016》。

丹东港、盘锦港和锦州港均在东北地区内陆设立陆港，形成了以沈阳、长春、哈尔滨、通辽为核心的海铁联运服务网络（表 5-23）。多式联运是指由两种及两种以上的交通工具相互衔接、转运而共同完成的复合式运输过程，是基于现代管理手段的高效的运输方式。其中，海陆联运是国际多式联运的主要形式，而标志现代港口发展趋势的集装箱运输尤其需要良好的海陆联运平台支撑。辽宁省多式联运主体是海铁联运集装箱班列，以大连港和营口港为核心。大连港是中国主要集装箱海铁联运港口之一，已开通 3 条主要线路，2017 年海铁联运量达 41.2 万标准箱[①]。在跨境联运方面，大连港自 2013 年开通首列中欧过境班列以来，先后开拓了"辽满欧""连哈欧""辽蒙欧""辽新欧"等 18 条中欧班列，服务网络覆盖东北地区及欧洲、蒙古国、中亚等多条国际联运物流大通道；营口港是东北腹地最近的深水港，以其为中心，形成了以"营口港—俄罗斯—欧洲"和"营口港—中国东部及东北亚—中国南部并辐射大西南和东盟"的纵横贯通的海铁联运通道，至 2017 年 10 月底，营口港海铁联运到发总量完成 60.58 万标准箱[②]。

表 5-23　东北地区海铁联运服务网络

港口名称	设置陆港
大连港	沈阳东、长春东、吉林西、德惠、山场屯、穆棱等
营口港	沈阳、长春、吉林、哈尔滨、通辽、抚顺、绥化、法库、伊春等
丹东港	本溪、沈阳、通化、长春、哈尔滨、佳木斯、牡丹江等
盘锦港	辽中、法库、通辽、齐齐哈尔
锦州港	义县

资料来源：吴运杰（2017）

三、区域作用分析

（一）评价模型构建与基础分析

1. 模型构建

引入经典的场强模型，以城市综合实力水平作为综合变量，考察港口城市

---

① 《中国港口年鉴 2018》。

② 辽宁营口港海铁联运总量突破 60 万 TEU[EB/OL]. https：//www.sohu.com/a/203496206_531786[2019-06-20].

对区域作用的格局。场强计算公式为

$$F_{ij} = \frac{M_i}{T_{ij}^a} \qquad (5\text{-}11)$$

式中，F_{ij} 为 i 城市对 j 地的作用力；M_i 为 i 城市的综合实力水平；T_{ij}^a 为 i 城市到 j 地的最短时间距离；a 为摩擦系数，这里取一般值 2.0（刘继生和陈彦光，2000）。

（1）对于城市综合实力水平的测度。结合港口城市特点构建评价指标体系，采用主成分分析法[①]，由主成分载荷测算综合实力水平，测度公式为

$$M_i = \sum_{k=1}^{m} A_k \times \sum_{j=1}^{n} \left(C_{kj} \times M_{ij} \right) \qquad (5\text{-}12)$$

式中，M_i 为 i 城市的综合实力水平；A_k 为第 k 主成分的贡献率；C_{kj} 为第 k 主成分在指标 j 上的载荷；M_{ij} 为标准化值；m 为主成分个数；n 为指标数（潘竟虎等，2008）。

（2）对于最短时间距离（徐旭等，2007）的测定。基于 **MapInfo** 平台，使用 2004 年版 2006 年修编的《辽宁省地图》作为底图，使用经纬度投影，测算对象间公路交通距离，根据《公路工程技术标准》（JTG B01—2003）规定的公路设计速度及实际条件，采用高速公路 120 公里/时，国家级道路 100 公里/时，省级道路 80 公里/时，县级道路 60 公里/时，估算最短时间距离。

2. 城市综合实力水平测度

港口城市是从城市所处地理位置和城市职能角度划分的一种特殊的城市类型，具有港口和城市的双重科学内涵，是港口和城市的有机结合体。同时，还是以港口作为窗口和平台，以一定的海陆双向腹地为依托，以比较发达的港口经济为特色，以外向型经济为主导的区域节点型城市。基于港口城市的这一界定，从城市评价指标（$Y_1 \sim Y_{16}$）和港口评价指标（$Y_{17} \sim Y_{23}$）两方面构建港口城市综合实力评价指标体系。依据基础数据的可获取性和易获取性原则，从经济发展、社会发展、科教发展、资源与基础设施规模、环境状况（潘竟虎等，2008）、港口状况、港口经济七个方面选取 23 项指标构建评价指标体系（表

---

① 采用平均值标准化法。基本公式为 $M_{ij}=X_{ij}/X_j$，式中，M_{ij} 为第 i 城市第 j 指标标准化后的数值；X_{ij} 为第 i 城市第 j 指标原始统计值；X_j 为城市整体第 j 指标的算术平均值。

5-24）。以六座港口城市为研究对象，应用 SPSS 软件对原始数据①进行主成分分析（计算过程略）。分析结果显示，第一主成分贡献率达 88.44％，特征值为 20.34；第二主成分贡献率达 5.49％，特征值为 1.26，第一、第二主成分累计贡献率达 93.93％，因此选取第一、第二主成分作为新变量。基于主成分载荷和主成分贡献率得到城市综合实力表达值（表 5-25）。

表 5-24　港口城市综合实力评价指标体系

		指标		效用
城市水平评价指标	经济发展	Y_1	地区生产总值（亿元）	反映城市经济规模水平
		Y_2	全社会固定资产投资总额（亿元）	反映城市自我投入能力
		Y_3	地方财政一般预算内收入（亿元）	反映城市经济调控能力
		Y_4	社会消费品零售总额（亿元）	反映城市市场繁荣程度
	社会发展	Y_5	非农业人口（万人）	反映城市人口规模
		Y_6	人均 GDP（元）	反映城市社会发展水平
		Y_7	公共图书馆图书总藏量（千册、件）	反映城市科普教育水平
		Y_8	医生数（人）	反映城市公共服务水平
	科教发展	Y_9	科研综合技术从业人数（万人）	反映城市科技创新能力
		Y_{10}	普通高等学校学生数（万人）	反映城市人口素质水平
	资源与基础设施规模	Y_{11}	建成区面积（平方公里）	反映城市空间规模
		Y_{12}	货运总量（万吨）	反映城市交通水平
		Y_{13}	邮电业务总量（亿元）	反映城市通信基础水平
		Y_{14}	全年用电量（亿万千瓦时）	反映城市基础设施水平
	环境状况	Y_{15}	建成区绿化覆盖率（％）	反映城市生态空间水平
		Y_{16}	工业废水排放达标率（％）	反映城市环境治理能力
港口水平评价指标	港口状况	Y_{17}	港口货物吞吐量（万吨）	反映港口经济规模
		Y_{18}	集装箱吞吐量（万标准箱）	反映港口发展水平
		Y_{19}	码头泊位个数（个）	反映港口规模
		Y_{20}	港口生产用装卸机械数（台、辆）	反映港口设施水平
	港口经济	Y_{21}	外商直接投资额（万美元）	反映城市开放性水平
		Y_{22}	货物进出口总额（亿美元）	反映城市外向性水平
		Y_{23}	第三产业产值（亿元）	反映城市产业结构情况

表 5-25　城市综合实力及排序

位次	城市	综合得分（综合实力水平）
1	大连市	53.56
2	营口市	14.04

---

① 数据来源于《中国城市统计年鉴 2009》和《中国港口年鉴 2009》

位次	城市	综合得分（综合实力水平）
3	锦州市	10.89
4	丹东市	8.15
5	盘锦市	6.92
6	葫芦岛市	6.63

3. 研究尺度

考虑行政区划的壁垒作用，将辽宁省域设定为港口城市的直接作用腹地，不考虑间接腹地，考察港口城市的区域作用力结构与特点。

（二）区域作用评价

根据式（5-11）和式（5-12），分别测算出 6 个港口城市对辽宁省内除该 6 市地域以外的 8 个地级市、7 个县级市、12 个县、7 个自治县共 34 个行政中心地的作用力（表 5-26）。

表 5-26　港口城市区域作用力结构

地区	大连市	营口市	锦州市	盘锦市	丹东市	葫芦岛市	平均作用力
鞍山市	9.82	17.69	3.27	6.99	2.07	1.47	6.88
海城市	12.77	38.65	4.61	13.84	1.43	1.97	12.21
台安县	7.43	12.12	8.27	29.89	1.01	3.17	10.31
岫岩满族自治县	9.92	7.24	1.74	2.47	3.83	0.84	4.34
辽阳市	8.43	12.13	2.55	4.97	1.83	1.18	5.18
灯塔市	7.55	9.47	2.50	3.96	2.12	1.16	4.46
辽阳县	8.87	13.71	2.64	5.55	2.00	1.22	5.67
本溪市	4.73	16.58	2.25	1.87	5.08	1.06	5.26
本溪满族自治县	3.65	2.47	1.53	1.39	2.94	0.75	2.12
桓仁满族自治县	2.68	0.90	0.61	0.48	2.28	0.32	1.21
抚顺市	4.69	3.76	1.89	2.09	1.86	0.91	2.53
抚顺县	4.76	3.86	1.93	2.15	1.91	0.93	2.59
新宾满族自治县	2.39	1.30	0.77	0.69	1.05	0.40	1.10
清原满族自治县	2.83	1.66	0.96	0.89	0.87	0.49	1.28
沈阳市	6.53	6.97	3.35	4.65	2.83	1.50	4.30
新民市	2.71	4.55	2.65	2.35	1.42	1.22	2.48
辽中县	5.78	7.00	5.60	10.52	1.43	2.31	5.44

续表

地区	大连市	营口市	锦州市	盘锦市	丹东市	葫芦岛市	平均作用力
康平县	3.17	1.98	1.24	1.22	0.97	0.62	1.54
法库县	3.64	2.45	1.50	1.56	1.18	0.74	1.85
阜新市	3.80	3.07	9.06	3.00	0.53	3.40	3.81
阜新蒙古族自治县	4.03	3.40	7.51	3.47	0.56	2.93	3.65
彰武县	3.47	2.77	2.34	1.42	1.02	1.10	2.02
铁岭市	4.05	2.92	1.76	1.90	1.47	0.85	2.16
铁岭县	4.02	2.89	1.74	1.88	1.46	0.85	2.14
西丰县	2.38	1.29	0.84	0.76	0.68	0.44	1.07
昌图县	3.13	1.94	1.22	1.19	0.98	0.61	1.51
调兵山市	3.60	2.42	1.48	1.53	1.16	0.73	1.82
开原市	3.50	2.30	1.43	1.46	1.18	0.71	1.76
朝阳市	3.77	3.02	15.77	2.67	0.42	5.34	5.17
北票市	3.15	2.23	7.17	1.97	0.37	2.49	2.90
凌源市	2.33	1.39	2.61	0.87	0.28	1.65	1.52
朝阳县	3.72	2.95	14.87	2.59	0.42	5.11	4.94
建平县	2.62	1.66	4.36	1.24	0.31	1.91	2.02
喀喇沁左翼蒙古族自治县	2.34	1.40	3.19	1.00	0.28	2.02	1.70

以各市平均作用力作为参照，结果显示：大连市的区域作用能力最强，除对台安县、本溪市、阜新市、朝阳市和朝阳县五个地区的作用力低于平均水平外，对其他地区的作用力均高于平均水平，作用力标准差分析显示（表5-27），作用力的差异相对较小（2.57），反映出大连市对其腹地作用有较好的均衡性与稳定性。营口市和锦州市的区域作用能力其次，二者的区域作用力高于平均水平的地区分别占 73.53% 和 32.35%，但是二者的作用力标准差较高，尤其是营口市的区域作用力标准差达 7.25，反映出营口市对腹地作用能力的差异较大。例如，营口市对海城市的作用力达 38.65，而对桓仁满族自治县的作用力仅为 0.90，差异十分明显；盘锦市、丹东市和葫芦岛市对腹地的作用力相对较弱，三者的区域作用力高于平均水平的地区分别为 5 个、2 个和 4 个。

表5-27　区域作用力标准差分析

项目	大连市	营口市	锦州市	盘锦市	丹东市	葫芦岛市
标准差	2.57	7.25	3.62	5.34	1.03	1.21

（三）区域作用力层次结构

按照"取大"原则确定各地所受作用力，并分别将其划归相应港口城市以作为其比较优势区域的作用力范围（表5-28）。考察作用力分布结果显示，大连市对区域的作用力范围最大，主要作用于辽宁中北部地区，尤其是凭借其较强的综合实力，表现出对远域地区明显的作用优势；锦州市的作用力范围次于大连市位居第二位，主要作用于辽宁西部地区，且较少受其他港口城市作用力竞争的影响；营口市和盘锦市的作用力范围主要在其近域地区，以及包括沈阳市在内的辽宁中部城市群的中西部地区，二市凭借区位优势，与大连市共同形成对辽宁中部城市群区域作用的竞争格局；丹东市和葫芦岛市分别受制于大连市和锦州市，在竞争中丧失了其比较优势区域的作用力范围，没有比较优势作用地区。

表5-28　比较优势区域作用力分布

港口城市	比较优势作用力地区
大连市	岫岩满族自治县、抚顺县、抚顺市、铁岭市、铁岭县、本溪满族自治县、法库县、调兵山市、开原市、彰武县、康平县、昌图县、清原满族自治县、桓仁满族自治县、新宾满族自治县、西丰县
营口市	海城市、鞍山市、本溪市、辽阳县、辽阳市、新民市、灯塔市、沈阳市
锦州市	朝阳市、朝阳县、阜新市、阜新蒙古族自治县、北票市、建平县、喀喇沁左翼蒙古族自治县、凌源市
盘锦市	台安县、辽中县

（四）作用力强度与方向

从各地所受平均作用力层次结构和港口城市首位区域作用地分布来看，港口城市的区域作用力强度以"海城市—台安县—鞍山市"为中心逐渐向外围降低，区域作用力方向表现为沿辽宁中部城市群方向和朝阳方向。其中，大连市、营口市、丹东市和盘锦市的作用力方向均指向辽宁中部城市群，同时海城市、鞍山市、台安县一线是受港口城市影响最为显著的地域，以其为核心沿哈大交通干线向北拓展。锦州市和葫芦岛市的作用力方向为朝阳方向，以其为核心主要向内蒙古东部地区（如赤峰市）产生作用力扩散，但是核心作用载体，如铁路、公路，尤其是未来承载大规模集装箱运输的高速公路布局多为平行于海岸线的"东北—西南"走向，这将制约该方向作用力的扩散。

四、区域作用讨论

根据六座港口城市腹地区域作用的评价，可将东北地区港口城市区域作用划分为以下 3 种类型。

（1）实力型——大连市。大连市对腹地的作用能力普遍较强且能力相对稳定。大连市虽然在区位上处于辽宁省最南端，空间距离上与腹地相距最远，但是由于其具有极为突出的综合实力水平，以及哈大交通干线的端点区位，可以部分规避空间距离导致的约束，在区域作用力强度上表现为随着与腹地之间距离的增加较为缓慢的作用力强度下降，在地域上表现为较为广大的腹地范围。

（2）区位型——营口市、盘锦市、锦州市。区位是影响这类港口城市区域作用力的关键要素。例如，营口市和盘锦市凭借毗邻的地理区位和便捷的交通条件，同大连市在对辽宁省中部城市群的腹地竞争中谋得一席之地；锦州市凭借辽宁省自然地理条件对大连区域作用力的屏障，同大连市在对辽宁省西部的腹地竞争中取得了优势。该类型的港口城市在区域作用力强度上表现为随着与腹地之间距离的增加显著的作用力强度下降，受干扰性强，在地域上表现为相对狭小的腹地范围。

（3）弱势型——丹东市、葫芦岛市。该类型的港口城市在综合实力水平和区位上均处于劣势地位，对区域的作用力普遍较小，在同其他港口城市的竞争中缺乏竞争力，腹地面积狭小。

从港口城市对区域的作用特征考虑，港口城市的进一步发展需要重点提升丹东市和葫芦岛市的区域作用力。作为东北沿海地区的两个端点，丹东市对辽宁省东北部乃至东北东部地区具有优越的潜在作用优势；葫芦岛市对辽宁省西部地区和西南部地区具有潜在作用优势，同时其又处于辽宁省乃至东北地区南向联系的陆路要道。对于丹东市和葫芦岛市的发展，除需增强城市的自身综合实力之外，还需提高其对内、对外联系的便捷性，如东北东部交通走廊的建设将会有效增强丹东市对其潜在腹地的作用力。

第六章　东北地区港口城市的竞争与整合

第一节　竞争与合作的动因

一、港口腹地竞争

港口的本质功能是货流、人流的集散与流通，而产生客货流的腹地是港口赖以生存的根本，亦是在此基础上发展起来的港口经济发展与繁荣的源泉和根基。如同植物生长对水分和养分的争夺，港口对腹地的竞争是港口之间关系的永恒话题。

由于东北地区区域经济系统的相对独立性与完整性，多年来东北地区港口与其他地区港口（如天津港、京唐港）等的腹地交叉较小，其陆向腹地基本为由辽宁、吉林、黑龙江三省和蒙东四盟市构成的东北经济区，而东北的海上对外联系主要经由沿海各港口，少部分经由山海关以外港口。但在港口体系内部，港口之间尤其是各港口的共同腹地及直接腹地交叉处，存在激烈的竞争。例如，营口港凭借最短的出海距离与大连港在辽宁中部地区形成了复杂与激烈的货源竞争态势。从总体上看，这种对腹地的竞争由单纯的货运价格成本上的竞争，逐渐转变为控制管理与效率上的竞争。基于我国的港口发展体制，参与港口腹地竞争的主体不仅包括港口生产企业，还包括立足于城市经济发展的政府。一方面，在市场规律作用下，港口生产企业通过扩大港口规模，完善与加强港口基础设施的建设与配套，提升港口的管理水平、生产作业水平、信息服务水平等，进而提升港口运行效率，降低运输成本，以争夺腹地货源；另一方面，港口所依托的城市政府,尤其是具有一定行政资本的政府,出于促进地区经济发展的需要,会将港口经济作为地区经济发展的增长点,给予港口市场规律以外的政策性的支持,如税收、土地使用等方面的优待,在客观上提升了港口对腹地的竞争力。另外,港口腹地的竞争从最初陆向腹地的竞争,不断深入到海向腹地的竞争。海向腹地的竞争主要表现在对航运公司的吸引以及港口区域枢纽地位的争夺上。而这种枢纽地位一方面是港口条件与实力的体现,另一方面也是港口所依托城市区域地位的反映。

二、城市功能地域拓展与交叉

随着城市的不断发展,以城市建成区或城市化地区为特征的城市实体地域不断拓展。同时,在城市实体地域基础支撑之上,随着城市外向功能性与开放性的增强,以及交通、信息等基础设施网络的健全,在城市离心扩散过程中,城市的商业、教育、娱乐、医疗乃至居住等基本功能所波及的地理空间已超出城市实体地域范畴。特别是港口城市越发达,城市功能性越强,港—城—区域关系越紧密,以各种"流"为形式的城市与周围区域之间、城市与城市之间的社会经济联系越频繁,城市逐渐发展为城市区域,区域也日益成为城市化的区域,城市与区域边界趋于模糊,城市与区域逐渐走向融合。

随着城市实力的增强,城市对区域的影响力不断深入、影响范围不断扩大,地理空间上则表现为城市功能地域的不断拓展。例如,营口鲅鱼圈港区开港以来,随着港口功能的增强,营口作为门户城市功能地域不断拓展,其核心功能地域由近域的沈阳、辽阳、鞍山扩展至整个辽宁中部城市群地域,并以在沈阳、长春等地建立陆港的形式进一步向广大东北地区纵深拓展城市功能地域,与大连传统优势功能地域形成竞争与交叉。这种拓展的基本方式是各种实体性与非实体性的"流",如通勤流、商品流、资金资本流、信息流等,拓展的形式是各类新功能性地域的开发与建设,如生产功能显著的各类产业园区、开发区、港区等,综合性质显著的卫星城、新城区等,以及服务与居住性质显著的大学城、卧城式居住区等。港口货流与港航服务体系是港口城市功能地域拓展的催化剂,港口货流量越大、港航服务量占城市服务总量的比重越大,则由其催生的城市功能地域越大。当城市功能地域拓展达到一定程度时,城市之间连成一体或重叠交叉,导致产生基于利益追求的城市竞争和基于共赢目的的城市合作。

三、产业结构升级调整与产业扩散

城市之间关系的核心在于城市经济之间的关系,而产业是区域经济发展的核心与主体。对于典型港口城市,港口对城市经济发展的贡献不仅在于其由客货运输与中转所产生的经济效益,还在于由其诱发的直接相关和间接相关产业所产生的效益。港口的经营活动形成了港口产业(如航运、仓储、装卸、集疏运等),港口产业发展达到一定规模之后引发港口依存产业(如船舶修造,机械修造,分装、包装与简单加工,商贸,物流等)的发展。另外,由于人口、资源、资本、信息、产品等各种生产要素流的集聚与运动,以及港口相关产业集聚引发的基础设施配套建设,港口区域如同磁场形成集聚效应,成为产业布局的优势区位,从而进一步吸引与港口运输不直接相关的派生产业的集聚,如高能耗的重化工等产业布局向临港地区的转移,旅游业、金融、保险、通信等第三产业的临港布局等(图6-1)。

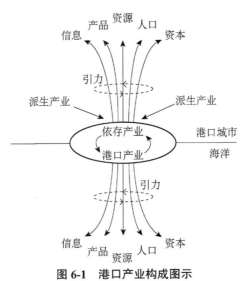

图 6-1 港口产业构成图示

这种基于港口产业的港口经济竞争，是港口城市竞争的根源。港口城市通过一系列港口经济发展手段（如设立保税区、保税港区、出口加工区等港口政策区域，规划建设面向港口的开发区、工业园区、物流园区等）提升港口的竞争力，从而增强港口对城市产业发展的带动作用。同时，随着港口的升级，带动与之关联的产业结构的升级与调整，在集聚-扩散效应下，搭建城市之间基于产业分工的合作框架。

四、港口体系与城市群体发展的耦合

目前，尽管各港口城市的港口业务部分，已实现政企分开、公司化经营，但港口作为区域的重要战略资源与设施，整体上仍是政企统一管理与运作，核心企业多为由港务局等政府职能部门改制组建的国有大型企业。其中，港口企业是经营港口的主体，尤其是各码头经营单位，在市场规律作用下，在围绕货源的博弈过程中展开竞争与合作，谋求最大收益，从而趋于形成具有一定结构与职能关系的港口体系。各级政府主要是对其所管辖的港口发展实行宏观指导，如组织编制及实施港口相关规划、审批及审查港航建设项目、制定并监督行业发展政策和法规等，同时还参股重要的港航企业。例如，大连港集团有限公司（Port Dalian Authority，PDA）是在原大连港务局港口业务的基础之上，于 2003 年实施公司化改制建立的国有大型港口物流企业，是大连 53 家具有独立法人资格港口企业的核心。2008 年，在锦州市人民政府与大连市人民政府签署的《关于支持两港战略合作的框架协议》基础上，大连港成功入股锦州港成为锦州港的第二大股东。同年，大连港集团有限公司与葫芦岛市人民政府、大唐国际辽宁分公司、国电东北电力公司签署了建设葫芦岛港绥中港区 5 亿吨煤炭码头项目战略合作框架协议[①]，投资参与葫芦岛港的开发。2010 年，大连港集团有限公司与丹东市人民政府就合作开发、建设、经营东港市海洋红港区签署了框架协议，大连港进一步参与丹东港的建设与发展。城市政府支持与鼓励以港口企业为行为主体的港口合作，同时港口合作也为城市之间的经济联系

---

① 葫芦岛 5 亿吨煤码头项目昨签约 四方打造蒙东能源出海通道[EB/OL]. http：//www.chineseport.cn/bencandy.php？fid=47&id=51885[2020-03-30].

创造了平台与条件，港口资源的整合与城市关系的整合是互为互动的过程。因此，在港口企业竞合发展下，港口与港口城市形成了一定的竞争与合作关系。

第二节　竞合机理与竞合模式

一、竞合机理

城市之间的竞争与合作可视为城市之间的相互作用博弈，博弈过程即城市作为参与者的策略行为选择，由此可形成三种城市之间的基本博弈结果，即完全竞争、完全合作和竞合（表 6-1）。其中，完全竞争是指城市只关注自身利益，通过占有性竞争从其他城市处获得利益，与其他城市没有合作的空间，遵循零和游戏规则；完全合作是指城市之间通过信任关系，通过合作创造出比城市个体行为之和更大的收益，并共同分配由合作创造的额外价值，参与者均达到最大收益，遵循正和游戏规则；竞合是指城市之间协作，但城市之间的收益（目标）不完全一致，即合作额外收益不等分配，合作价值总量与合作的性质相关，合作与分工越好，收益越多，反之亦然，遵循正和但可变游戏规则，与完全竞争与完全合作相比，竞合是额外收益创造中的合作过程和额外收益分配中的竞争过程（王玉清等，2004）。相关研究显示，城市之间的非合作竞争在某些情况下将给城市和社会的发展带来阻力，城市之间的合作对于克服非合作竞争产生的弊端十分重要（靳景玉和谭德庆，2008）。但是，利益均等最大化的完全合作在实际操作中难以实现，因此谋求比较收益最优基础上的竞合过程是港口城市整体发展的现实途径。

表 6-1　城市之间的博弈关系

博弈结果	博弈规则	参与者行为与利益分配	
完全竞争	零和游戏	有所得	有所失
完全合作	正和游戏	均得利益	均得利益
竞合	正和但可变游戏	所得多	所得少

城市之间的竞争根本上是城市经济的竞争，城市之间的合作根本上也是为

了谋求城市群整体及整体中个体城市经济的效益最大化或最优化。基于 Porter（1990）的"钻石模型"，区域内城市的竞争基本源于六个方面，同时在一体化发展与整体效益最优框架的指导下，各竞争主体在博弈过程中为寻求个体效益最大或最优的合作亦基于这六方面，即经济要素条件、需求条件、相关与支持产业条件、企业战略结构和同业竞争条件是影响城市竞合的主体机制，政府条件和机遇条件是影响城市竞合的影响机制（图 6-2）。其中，经济要素条件是竞合的核心内容，需求条件是竞合的动力，相关与支持产业条件是竞合的载体，企业战略结构和同业竞争条件是竞合手段，政府条件与机遇条件是竞合的催化剂。

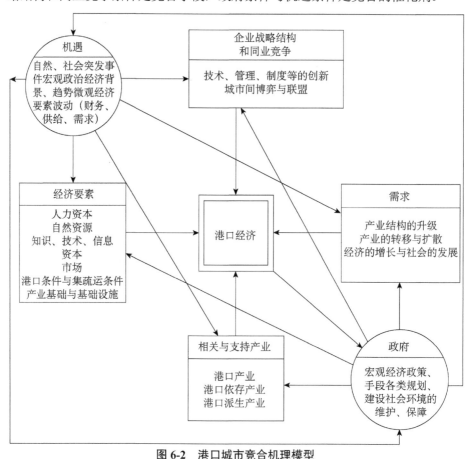

图 6-2　港口城市竞合机理模型

资料来源：Porter（1990）

二、竞合模式

在城市区域化与区域一体化发展趋势下，随着城市的发展，城市功能地域不断扩张、交叉。为追求区域整体利益，避免因恶性竞争而出现不经济现象，同时为谋求城市发展外生力量的支撑与推动，港口城市在竞争中寻求相互合作。

（一）纵向竞合模式

港口城市之间的纵向竞合主要体现为基于城市之间的产业合作而形成的竞合模式（图6-3）。

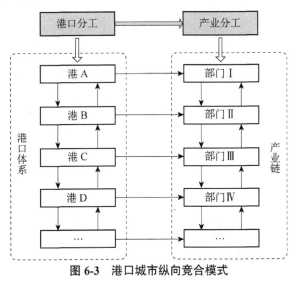

图6-3　港口城市纵向竞合模式

进入 21 世纪之后，各港口以其所依托的城市政府为主导，以港航企业为行为主体开始港口资源的整合发展，具有一定职能分工、规模等级与空间结构的沿海港口体系初步形成，在此基础上，各市形成了与港口配套的港航相关产业的集聚。例如，大连和锦州石化产业集群的形成依托石油运输管道网络与原油码头，大连港航服务业集群的形成基于大连东北亚国际航运中心的建设等。但是，各市产业存在显著的趋同，且各市产业之间互补性与配套性差，尚未形成区域性的产业链条，这亦是各城市之间的发展竞争性大于合作性的根本原因。

（二）横向竞合模式

港口城市之间的横向竞合主要体现为基于城市之间共建共享而形成的竞合模式，包括市政基础设施、各类交通设施的共建共享，信息、技术、知识的交流与流通，以及管理上的协作等。

例如，辽宁省滨海公路的建成如同一条纽带客观上将各市串成一体，增强了东北地区沿海各港口城市的整体性。未来，随着城际铁路等快速铁路的建设，这一整体性将进一步加强。但是，各市发展仍然具有显著的各自为政的特征，一是市带县的行政体制，使得城市发展具有一定的腹地依托，城市发展倾向于在其自身行政辖区内整合经济要素；二是趋同的产业结构，使得城市管理者易形成地方保护主义思想。例如，锦州和葫芦岛自古便是一衣带水的整体，1985年，锦西（今葫芦岛）从锦州独立出来，成为与锦州同等级的地级城市。二市市辖区在地域上毗邻，产业构成相似，且核心港口与临港产业布局均围绕锦州湾开展，虽然二市的城市发展定位均提出"锦州—葫芦岛二市联动"的战略思想，但在实际发展中仍缺乏有效的合作，尤其是在政府管理和市政基础设施建设方面。

第三节　东北地区港口城市整合

一、港口城市的竞争

进入工业化社会，随着交通、通信技术的发展，城市不再是孤立的发展，城市与区域、城市与城市之间的联系日益频繁与紧密。根据城市与区域关系阶段性特征，目前港口城市处于城市主导发展时期，社会经济发展阶段处于工业化中后期，城市化进程迅速，人口、资源、资本、技术等各种流频繁大量流动，人口向城市强烈集聚，产业在集聚过程中伴随着结构升级和区域扩散。因此，对资源、劳动力的争夺和对市场的占有为城市之间的主要竞争，这种竞争主要表现为经济上的竞争，对于港口城市而言，这种经济发展竞争的突出特征即港口经济的竞争。

港口经济是以港口为中心、港口城市为载体、综合运输体系为动脉、港口相关产业为支撑、海陆腹地为依托，实现产业和区域彼此间相互联系、密切协调、有机结合，进而推动整个区域经济发展的开放型经济（殷文伟和牟敦果，2011）。在市场经济和开放型经济发展背景下，港口经济具有巨大的经济效能。凭借港口强大的集散功能以及海陆、国内外的节点区位，港口经济可以从陆向和海向、国内和国外两方面双向整合资源与市场，具有区域乃至区际影响力。因此，许多具有发展港口经济基本条件的城市开始重视推动城市经济形态向港口经济形态的转型。例如，锦州是传统的以内陆经济为主的城市，改革开放以来，尤其是进入 21 世纪之后，在全球化发展浪潮下，随着港口的开发，锦州城市发展转身向海，规划建设并初步形成了沿"锦州老城区—松山新区—龙栖湾新区—经济技术开发区—西海工业区—锦州港"的带状经济密集地区，城市发展依托锦州港，经济发展体现港口经济特征。

丹东、锦州、盘锦和葫芦岛港口对城市整体经济发展的影响尚弱，因此东北地区港口经济的竞争主要集中在大连和营口之间。大连与营口在地域上毗邻，港口城市特征典型，港口经济伴随城市形成发展的始终。从经济总量上看，2017 年，大连地区生产总值为 5391.76 亿元，地区生产总值同比上年增长7.31%，多年平均增长率为 6.23%（2008～2017 年），在近年东北地区经济普遍低迷的背景下，大连仍保持较为明显的增速，2016 年大连地区生产总值增长率达 6.64%，同期营口地区生产总值增长率仅为−6.45%[①]。伴随着海港的兴起，21 世纪以来营口一度快速发展，随着港口条件、疏港条件的改善以及港口货物吞吐量的剧增，营口区域地位迅速提升，但是由于城市综合工业实力偏弱，城市发展过度依赖港口经济，城市经济水平受腹地经济状态影响显著。当腹地

---

① 《中国城市统计年鉴》（2009 年、2017 年、2018 年）

经济衰退时，营口城市发展容易陷入困境。

从经济发展外向性表现来看（表 6-2），在外贸方面，2013 年大连的外贸出口额是营口的 8.57 倍，外资方面大连的外商直接投资额是营口的 10.23 倍，较 2008 年差距均缩小；在对国际市场的依赖方面，2013 年大连的出口依存度达 30.34%，显著高于营口，较 2008 年呈现大幅下降态势。由此可见，多年来大连与营口经济发展外向性差异在逐渐缩小，但是大连经济发展外向性表现仍较营口突出，尤其是在吸引与整合国际资本能力方面具有显著实力，这反映出大连作为东北地区门户城市的典型性。但是，随着城市综合实力的增强，大连开始步入转型发展阶段，门户城市特征减弱而区域综合中心城市特征增强。

表 6-2　大连与营口经济发展外向性水平比较

地区	外贸出口额/亿美元		外商直接投资额/亿美元		出口依存度/%	
	2008 年	2013 年	2008 年	2013 年	2008 年	2013 年
大连	253.06	374.37	44.12	136.00	60.20	30.34
营口	16.86	43.68	3.20	13.30	16.29	17.90

资料来源：《中国区域经济统计年鉴》（2009 年、2014 年）

注：2008 年美元对人民币汇率按 1∶6.8 换算，2013 年美元对人民币汇率按 1∶6.2 换算

从产业构成上看，大连和营口均具有较为完整的工业体系，经济活动相对独立，城市之间产业间关联度较小。其中，大连以石油化工、电子信息和软件、装备制造业、造船业等产业为主体，工业结构偏向重工业化，代表性企业如大连船舶重工集团有限公司、大连重工·起重集团有限公司、大连石油化工有限公司、大连西太平洋石油化工有限公司等，多是规模化、集群化发展的具有全球视野的大型企业。营口以新型建材工业、装备制造业、化工、冶金、多种轻工业等产业为主体，工业结构偏向轻工业化。大连和营口产业构成各成体系，即使是均作为主要产业部门的装备制造业，主要产品类别也各不相同，以产业链或产品配套等形成的区域企业间的合作较少。以临港经济为重点的各类开发区、园区等政策性区域的建设与发展是大连和营口竞争的关键，这类政策性区域会为产业的发展提供良好的舞台，同时强烈的政府主观影响使得这类地区的经济往往不能完全在市场规律作用下循序渐进的发展，再加上发展性质的趋同

性，客观上易形成城市间产业的同构与竞争。因此，大连与营口港口经济的竞争主体主要是与港口密切相关的各类开发区、产业园区、出口加工区、保税区等。1984 年，大连经济技术开发区作为我国第一个国家级经济技术开发区获批设立，同年营口鲅鱼圈区获批设立，于 1988 年依托营口港兴建出口加工区，成为辽宁省对外开放的三个示范区之一。

另外，各港口城市作为一般意义的区域中心地，以全国 294 个城市为参照：2017 年，大连的综合经济竞争力最好，全国排名第 30 位；营口位居六市中的第 2 位，全国排名第 126 位；盘锦和锦州的综合经济竞争力处于中游；丹东和葫芦岛的综合竞争力偏弱，在全国尺度下排序垫底（倪鹏飞，2018）。从总体上看，大连的竞争优势地位显著（图 6-4）。

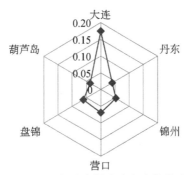

图 6-4　2017 年城市综合竞争力指数比较

从各专项竞争力水平来看（图 6-5 和表 6-3）：①在综合增量竞争力方面，大连的竞争力显著，位居全国第 25 位，反映出大连具有相对较快的发展速度和较强的发展潜力，而营口等五市竞争能力在全国排名位次靠后，反映出城市发展需要新的动力与增长点；②在综合效率竞争力方面，大连的发展效率最高，具有一定的竞争力优势，营口和盘锦进入全国百强水平，体现了城市发展具有一定的效率，锦州、葫芦岛和丹东的综合效率竞争力较弱；③在可持续竞争力方面，大连位居全国第 15 位，优势地位突出，其次为锦州，葫芦岛位居全国偏末位水平，在一定程度上反映出城市发展的脆弱性。

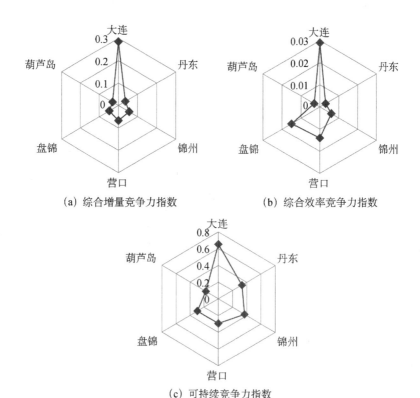

(a) 综合增量竞争力指数　　　　　(b) 综合效率竞争力指数

(c) 可持续竞争力指数

图 6-5　2017 年城市专项竞争力指数比较

表 6-3　2017 年港口城市综合竞争力指数及在全国的位序

城市	综合竞争力指数	排名	综合增量竞争力指数	排名	综合效率竞争力指数	排名	可持续竞争力指数	排名
大连	0.175	30	0.285	25	0.029	35	0.652	15
丹东	0.040	253	0.036	256	0.003	218	0.332	133
锦州	0.053	197	0.056	205	0.006	153	0.369	96
营口	0.069	126	0.067	180	0.014	84	0.294	170
盘锦	0.061	161	0.048	230	0.015	79	0.295	168
葫芦岛	0.037	266	0.031	272	0.003	212	0.173	260

资料来源：倪鹏飞（2018）

从城市综合竞争力的多年变化上看（图 6-6），六座港口城市综合竞争力水平均呈现出不同程度的下降态势，其中大连降幅相对较小，从第 19 位下降到第 30 位，丹东、锦州和盘锦降幅较大，如丹东下降了 71 个位次。这反映出，东北地区的港口城市在近年城市发展过程中缺乏活力与能力。从六市竞争力态势上看，未来一段时间内大连仍将保持其首位地位，以其相对较大的经济规模、较高的经济效率、较强的综合实力成为东北地区港口城市群体的极化中心，继续集聚生产要素和人口，同时其较好的技术、知识、信息等现代产业要素条件，亦有利于使大连成为带动港口城市群体整合的扩散中心与管理中心。另外，锦州作为面向东北西部地区的中心港口城市，其城市竞争力过弱，并且呈竞争力严重下降态势，未来需要迫切提升城市实力以支撑其区位地位。

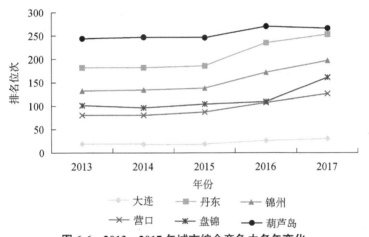

图 6-6　2013～2017 年城市综合竞争力多年变化

资料来源：倪鹏飞（2014，2015，2016，2017，2018）

二、港口城市合作基础

（一）港口的分工与协作

经过多年的发展，在对腹地货源竞争的基础上，东北地区沿海各港口实际上形成了一定的货运结构分工与专业化运营。受东北地区腹地经济和产业结构特点的影响，港口货物运输以石油天然气及制品、原油、煤炭及制品、金属矿石、矿建材料、钢铁、粮食等大宗能源、原材料物资和集装箱货物为主。其中，大连港职能多元性最为显著，集装箱运输以干线运输为重点，货物吞吐运输以石油天然气及制品、原油、金属矿石、化学原料及制品、煤炭及制品、粮食、商品汽车等大宗货物为重点,其中石油天然气及制品、原油、化学原料及制品运输居主导地位;营口港集装箱运输以内贸为主,钢材、矿石运输居港口体系的中心地位;丹东港和锦州港主要承担其近域腹地的煤炭及制品、石油天然气及制品、矿石等运输;葫芦岛港、盘锦港主要承担电厂煤炭的专业化运输、油田石油的专业化运输。

从贸易结构上看(表 6-4),大连港外贸吞吐量占有较大比重,外贸吞吐量占辽宁沿海外贸吞吐总量的近 60%,占大连港吞吐量的 31.86%,其中东北地区大部分的外贸集装箱均经大连港转运。营口港侧重内贸运输,在对外贸易上与锦州港、丹东港和盘锦港相似,多为大连港的喂给港。

表 6-4　2015 年港口口岸货运吞吐量

口岸	吞吐量/万吨	外贸合计/万吨	外贸进口/万吨	外贸出口/万吨	集装箱吞吐量/万标准箱
大连港	43 660	13 909	9 343	4 566	958.30
营口港	35 217	7 955	6 237	1 718	608.72
锦州港	8 949	738	505	233	82.50
丹东港	15 788	1 672	1 433	239	191.91
葫芦岛港	1 870	—	—	—	1
盘锦港	3 443	—	—	—	35

资料来源:《中国交通运输统计年鉴 2016》《中国港口年鉴 2016》;吴运杰(2017)

另外,在全国沿海港口的整合发展热潮下,2004 年以来,辽宁省全面推进港口资源整合战略部署,企图引导各港口以项目为手段、以资本运作为纽带、以股份投入为主要形式,实现港口之间的优势互补。各港口整合主要表现为政府为媒、港航企业为主体的整合运作。例如,2006 年,营口港与盘锦港签订合作协议,以成立合资公司的方式共同开发建设盘锦新港区;2008 年,大连港成功入股锦州港成为锦州港的第二大股东;同年,大连港集团有限公司参与建设葫芦岛港绥中港区 5 亿吨煤炭码头项目,投资参建葫芦岛港的开发;2010 年,大连港集团有限公司投资开发、建设、经营丹东东港市海洋红港区;2019 年,辽宁港口集团有限公司挂牌成立,完成大连港与营口港的重组整合,标志着优化整合辽宁港口资源跨入新的发展阶段。

（二）港口城市间空间联系承载

城市之间空间联系的主要载体为联系城市的各类交通、通信设施，对于港口城市而言，市际交通方式主要为公路和铁路。

从公路客运方面来看（表6-5），大连与营口的联系最为频繁，同时也与其他四市建立了一定程度的公路客运联系，如与其空间距离较远的宽甸满族自治县、黑山县和建昌县建立了定期班线，由此基本上可覆盖六市主要县级以上的中心地城市；丹东的公路客运联系方向为大连、营口、锦州和盘锦，与陆上距离最远的葫芦岛没有定期客运班次；锦州与营口的公路客运联系较为频繁，其次为大连，与盘锦无定期公路客运联系；营口公路客运的主要联系方向为大连和锦州，向北最远可至黑山县，向西可达建昌县；盘锦与锦州、大连、营口公路客运联系频繁，与五座港口城市的市区及县级中心地均建立了"始发—终点"的公路客运联系；葫芦岛的公路客运联系方向为除丹东以外的四市，其中与大连的联系能力相对较强。从总体上看，位于海岸线两端的丹东和葫芦岛的市际空间连通能力相对较弱，但是丹东凭借与大连的便捷联系在客观上弥补了其弱势地位；形成"丹东—大连"一线和以盘锦为中心的"锦州—盘锦—营口"一线的两个城市空间联系密集区域。

表6-5　2019年基于公路客运频次的港口城市空间联系矩阵

城市	大连	丹东	锦州	营口	盘锦	葫芦岛
大连	—	1	6	11	2	3
丹东	7	—	1	3	1	0
锦州	8	1	—	15	0	1
营口	13	2	14	—	0	2
盘锦	15	3	25	11	—	7
葫芦岛	6	0	1	2	4	—

资料来源：客运站. http://www.keyunzhan.com[2019-07-12]

注：数据表示班次个数，以各市公路汽车站"始发—终点"作为统计单元，下同

从铁路列车营运方面来看（表6-6和表6-7），在普速铁路连通方面，营口缺乏与其他城市之间的铁路交通联系，但这一问题在辽宁高速铁路网络全面完善之后得以改变，即除了营口和丹东之间无铁路客运联系，其余各港口城市之

间均形成了稳定的铁路客运联系。其中，锦州和葫芦岛位于京沈干线铁路上，因此二市之间基于铁路的联系十分便捷，其中动车组在二市之间的运行仅需14分钟，另外经由沈阳进入沈丹线和经由盘锦进入哈大线又使二市与辽东半岛各城市建立了铁路交通联系；盘锦作为京沈线转向哈大线的节点城市，具有较强的空间联系能力；营口与其他港口城市之间的联系主要基于高速铁路网络，其中与大连的联系最为频繁。从总体上看，基于铁路交通的城市空间联系中，大连和丹东处于端点区位，锦州、葫芦岛和盘锦处于节点区位，其中盘锦的市际联系结节点地位突出。

表 6-6　2019 年基于普速铁路列车频次的港口城市空间联系矩阵

城市	大连	丹东	锦州	营口	盘锦	葫芦岛
大连	—	0	5	0	4	4
丹东	0	—	1	0	0	0
锦州	4	0	—	0	11	34
营口	0	0	0	—	0	0
盘锦	4	0	12	0	—	10
葫芦岛	3	0	40	0	6	—

资料来源：中国铁路 12306. https://www.12306.cn/index/[2019-07-12]

表 6-7　2019 年基于高速铁路列车频次的港口城市空间联系矩阵

城市	大连	丹东	锦州	营口	盘锦	葫芦岛
大连	—	11	7	38	14	5
丹东	11	—	2	0	0	3
锦州	7	3	—	6	11	13
营口	35	0	6	—	9	4
盘锦	10	1	8	8	—	4
葫芦岛	6	3	23	4	8	—

资料来源：中国铁路 12306. https://www.12306.cn/index/[2019-07-12]

（三）港口城市间经济联系

经济联系是城市之间合作关系的核心与主体。在港口城市之间的经济联系强度方面，大连与营口之间经济联系强度最高（1.33），同比辽宁中部城市群中沈阳与抚顺之间经济联系强度（81.95），港口城市之间经济联系薄弱；大连与毗邻城市丹东之间经济联系强度仅为 0.52，同比辽宁中部城市群中沈阳与非毗邻城市营口之间经济联系强度已达 2.80，毗邻港口城市之间经济联系强度低。另外，大连与葫芦岛之间经济联系强度最低，仅为 0.35，反映出大连作为中心城市对葫芦岛的影响最小（表 6-8 和表 6-9）。

表 6-8　2005 年港口城市间经济联系强度值矩阵

城市	大连	丹东	锦州	营口	盘锦	葫芦岛
大连	—	0.52	0.53	1.33	0.99	0.35
丹东	0.52	—	0.07	0.12	0.12	0.04
锦州	0.53	0.07	—	0.60	1.86	4.40
营口	1.33	0.12	0.60		3.76	0.30
盘锦	0.99	0.12	1.86	3.76		0.72
葫芦岛	0.35	0.04	4.40	0.30	0.72	—

资料来源：姜博（2008）

表 6-9　2005 年辽宁中部城市群主要城市间经济联系强度值矩阵

城市	沈阳	鞍山	抚顺	本溪	营口	辽阳	铁岭
沈阳	—	28.17	81.95	21.18	2.80	18.76	7.86
鞍山	28.17	—	3.29	4.87	3.87	45.08	0.53
抚顺	81.95	3.29	—	4.25	0.46	1.78	2.80
本溪	21.18	4.87	4.25	—	0.50	2.90	0.35
营口	2.80	3.87	0.46	0.50	—	0.89	0.08
辽阳	18.76	45.08	1.78	2.90	0.89	—	0.26
铁岭	7.86	0.53	2.80	0.35	0.08	0.26	—

资料来源：姜博（2008）

从任意毗邻的两市之间的经济联系强度来看，锦州与葫芦岛之间经济联系强度最强，但也远逊于沈阳与抚顺之间经济联系强度。相对来讲，环辽东湾一带的锦州、盘锦、营口和葫芦岛经济联系强度相对较强，地域空间上较为邻近，具有相对优越的合作基础。辽宁中部城市群是我国开发较早的典型城市群之一，以沈阳为中心，由鞍山、抚顺、本溪、营口、辽阳、铁岭共七个城市构成的团块状地域，城市群内城镇密集，产业体系完善，是我国重要的重工业基地，城市分工明确，经济联系紧密，经济一体化形态和特征凸显。以辽宁中部城市群中城市之间经济联系为参照，各港口城市之间经济联系强度普遍较弱（姜博，2008）。

三、港口城市竞合过程与趋势

城市作为开放性的自组织系统，城市之间的竞争导向与合作导向主要来自两个方面，即市场和政府。市场作为客观规律影响城市之间的竞合关系，政府作为宏观调控把握城市之间的竞合关系。

各港口城市与内陆腹地的纵向联系强于港口城市之间的横向联系，城市之间经济发展相对独立，城市之间的竞争主要为针对共同腹地的门户地位的竞争。例如，随着港口的兴衰，大连在 20 世纪初期取代营口成为东北地区的首位门户城市和最大的对外贸易中心城市，在竞争过程中，东北地区的经济流由营口改向大连，实际上是大连对营口经济腹地的袭夺，但是二者经济发展之间并无联系。改革开放后，随着各市港口的大发展，实际上形成的是多个以港口为门户的"双核"或"单核"结构。例如，大连、营口、丹东分别作为门户城市与沈阳形成双核结构；锦州从市域内部看表现为以锦州港区为门户，以锦州老城区为综合中心的双核结构，从区域角度看表现为以锦州为综合中心的单核极化模式。港口城市之间存在边界，如囿于大连强大的中心引力，与大连毗邻的丹东多年来对大连采取规避的态度，如在交通设施建设中，大连铁路修建及高速公路连通至庄河市，丹东铁路修建至东港市，两市铁路与高速公路不对接，2003 年丹东始修建丹东至庄河的高速公路，直至 2005 年，丹大高速公路方全线通车，从此结束了丹东与大连之间无高等级公路连接的历史。又如，锦州和葫芦岛，二市地域毗邻，尤其是市辖区亦毗邻，二市之间最短车程仅 14 分钟，但多年来二市发展各自为政，城市之间很少交流，基础设施各成体系，产业构成趋同。

进入 21 世纪，伴随着辽宁省"五点一线"战略的实施，各港口城市各自为政的局面悄然改变，市场规律主导、政府推动与统筹调控下的港口城市竞合发展局面日益明朗。《辽宁省人民政府关于印发辽宁省国民经济和社会发展第十一个五年规划纲要的通知》（辽政发〔2006〕8 号）提出，重点开发建设大连长兴岛、营口沿海产业基地、辽西锦州湾、丹东临港产业基地和庄河花园口工业园，通过"五点一线"大开发，形成沿海与内地互动的对外开放新格局①。这一构想揭开了东北地区沿海六座港口城市竞合发展的序幕，尤其是作为"一线"的滨海公路的建设将成为六市竞合发展的纽带与桥梁。2008年，《辽宁省人民政府办公厅关于印发辽宁省沿海港口布局规划的通知》（辽政办发〔2008〕21号）针对整体效益下港口发展存在的问题，重新整合了沿海港口资源，明确了各港口的职能定位与分工，为各港口城市之间的竞合提供了基础与动力②。2009年，《辽宁沿海经济带发展规划》获得国务院常务会议讨论并原则通过，会议要求，加快辽宁沿海经济带开发建设，一要在充分考虑现有开发强度、资源环境承载能力和发展潜力的基础上，优化空间布局，培育建设一批重点区域和产业集群，推动形成以大连为核心，以大连—营口—盘锦为主轴，以盘锦—锦州—葫芦岛渤海沿岸和大连—丹东黄海沿岸及主要岛屿为两翼的总体布局框架③。这是从国家战略角度协调各港口城市关系，统筹安排六座港口城市空间发展格局。2010年，在辽宁沿海经济带开发建设的基础上，以滨海公路作为连通六座港口城市的核心联系通道，整合滨海公路沿线的各类城市空间布局，建立了一系列协调发展、环境优化、政策引导、产业准入、基础设施建设的保障机制。

同时，结合各港口、港口城市发展演进的态势与方向，可以发现港口城市作为区域经济活动的中心，在产业组织、城市发展、地域空间等方面趋于融合与一体化发展，形成了港口城市地带性区域。从实现区域整体竞争力最优化与最大化的角度来看，港口城市整合与一体化发展是必然趋势。由此，东北地区港口城市将形成呈带状分布且具有显著大区域门户功能的发达的、一体化的、成熟的、具有强劲竞争力的城市群地区，成为东北地区走向世界、融入全球经济体系的具有较高稳定性、优质性、竞争力的平台与舞台。

---

① 辽宁省人民政府关于印发辽宁省国民经济和社会发展第十一个五年规划纲要的通知[EB/OL]. http：//www.chinalawedu.com/falvfagui/fg22016/233026.shtml[2020-04-01].

② 辽宁省人民政府办公厅关于印发辽宁省沿海港口布局规划的通知[EB/OL]. http：//www.ln.gov.cn/zfxx/zfwj/szfbgtwj/200805/t20080520_204442.html[2019-06-20].

③ 《辽宁沿海经济带发展规划》获得国务院常务会议讨论并原则通过[EB/OL]. http：//www.ln.gov.cn/zfxx/tjdt/200907/t20090702_393750.html[2020-04-01].

四、港口城市地带发育

（一）发育特征

在影响范围方面，鉴于港口城市的职能特点，港口城市地带是东北地区的海向门户。其中，大连是典型的大区域级核心门户城市和世界级港口城市；营口是区域级的门户城市，核心影响范围为辽宁中部城市群区域；丹东经过多年的发展演进成为典型港口城市，受制于城市规模和港航规模，城市的影响范围主要为辽宁西部地区；锦州和盘锦为区域级临海城市，直接影响范围分别为辽宁西部至蒙东地区和辽宁中部城市群地区；葫芦岛为区域级的一般城市，其功能区域主要为城市市域范围。

在空间组成与地域结构方面，港口城市地带以大城市大连为核心，以五个中等规模城市为主体，依托贯穿地域整体的铁路和公路交通网络以及整合发展的港口体系，形成具有多个中心的带状地域。

在经济联系方面，港口城市地带内各城市的发展趋于独立，城市之间经济联系较弱，经济联系方向主要指向各自的核心腹地。例如，营口作为辽宁中部城市群的最近海上门户，其产业构成在延续升级自身传统产业的基础上，不断承接辽宁中部城市群的产业转移。但随着辽宁沿海经济带"五点一线"战略等有关区域政策的制定与实施，在政策机制作用下，港口整合、基础设施的建设与衔接、优势互补下城市功能的定位与分工，客观上推动了港口城市之间的经济联系与一体化发展。

在中心功能方面，继辽中南城市群之后，港口城市地带地域经济成为东北地区经济发展新的增长点，同时作为东北经济区的门户区域，在经济全球化背景下，大区域级中心的战略地位显著。

（二）发育水平比较

《国家新型城镇化规划（2014—2020年）》提出，在《全国主体功能区规划》确定的城镇化地区，按照统筹规划、合理布局、分工协作、以大带小的原则，发展集聚效率高、辐射作用大、城镇体系优、功能互补强的城市群，使之成为支撑全国经济增长、促进区域协调发展、参与国际竞争合作的重要平台。构建以陆桥通道、沿长江通道为两条横轴，以沿海、京哈京广、包昆通道为三条纵轴，以轴线上城市群和节点城市为依托、其他城镇化地区为重要组成部分，大中小城市和小城镇协调发展的"两横三纵"城镇化战略格局[①]。其中，长江三角洲城市群、珠江三角洲城市群、京津冀城市群、长江中游城市群、成渝城市群是重点建设的国家级城市群，东北地区的辽中南城市群作为我国发展历史较长和相对成熟的城市群与哈长城市群一起成为我国稳步建设的区域性城市群（方创琳，2014）。

　　对比港口城市所形成的地带性区域与传统的四大城市群[②]的发育程度，经济密度、人口密度、宏观经济状况（人均 GDP 和经济外向度）、首位城市规模等均表现出不足，尤其作为门户职能显著的城市群，地带整体经济外向度仅为26.39%，并未显示出突出的特征与优势（表 6-10）。另外，四大城市群首位城市均为规模超过 500 万人的特大城市，其中上海、北京作为其所在城市群的核心城市，市辖区人口规模均超过千万，且具有世界城市意义。大连作为港口城市地带的首位城市，2017 年市辖区年末户籍人口规模仅为 400 万人[③]，作为城市群的核心城市，城市综合实力偏弱，对城市群的拉动与影响能力不足。港口城市之间经济联系强度普遍较弱，最强经济联系强度仅为 4.40，仅为珠江三角洲城市群最强经济联系强度的 1/403，京津冀城市群的 1/53，长江三角洲城市群的 1/43，辽宁中部城市群的近 1/19（表 6-11）；核心城市大连与其他城市之

---

① 中共中央　国务院印发《国家新型城镇化规划（2014—2020 年）》[EB/OL].http：//www.gov.cn/gongbao/content/2014/content_2644805.htm[2019-06-20].

② 四大城市群包括长江三角洲城市群、珠江三角洲城市群、京津冀城市群、辽中南城市群。其中，长江三角洲城市群包括上海市，江苏省的南京、无锡、常州、苏州、南通、盐城、扬州、镇江、泰州，浙江省的杭州、宁波、嘉兴、湖州、绍兴、金华、舟山、台州，安徽省的合肥、芜湖、马鞍山、铜陵、安庆、滁州、池州、宣城共 26 个城市；珠江三角洲城市群大陆地区包括广州、深圳、佛山、东莞、中山、惠州、珠海、江门、肇庆、韶关、汕尾、阳江、河源、清远、云浮共 15 个城市；京津冀城市群包括北京、天津、河北省的保定、唐山、廊坊、石家庄、秦皇岛、张家口、承德、沧州、衡水、邢台、邯郸和河南省的安阳，共 14 个城市；辽中南城市群包括沈阳、大连、鞍山、抚顺、本溪、辽阳、营口、铁岭、盘锦和丹东共 10 个城市。

③ 《中国城市统计年鉴 2018》。

间经济联系不显著，与营口之间经济联系强度最强，但仅为 1.33，低于港口城市地带内锦州与葫芦岛之间经济联系强度（4.40），其作为港口城市地带核心城市的功能尚未充分发挥（表 6-8）。

表 6-10   港口城市地带与我国四大城市群比较

地区	经济密度/（万元/公里²）	人口密度/（人/公里²）	人均 GDP/元	经济外向度/%	首位城市规模/万人
长江三角洲城市群	5 180.87	611.65	84 703.11	48.86	1 455
珠江三角洲城市群	4 969.57	432.82	114 817.76	66.92	898
京津冀城市群	2 735.19	475.38	57 536.25	14.20	1 359
辽中南城市群	1 591.37	320.00	49 729.93	17.86	591
港口城市地带	1 439.12	305.09	47 169.67	26.39	400

资料来源：《中国城市统计年鉴 2018》和《辽宁统计年鉴 2018》
注：①2017 年美元对人民币汇率按照 1∶6.5 计算；②缺少东莞市和中山市 2017 年 GDP 数据

表 6-11   港口城市地带与我国四大城市群经济联系强度比较

地区	经济联系强度		与首位城市经济联系强度	
	最强	最弱	最强	最弱
长江三角洲城市群	189.67	0.10	189.67	4.31
珠江三角洲城市群	1773.77	0.29	1773.77	10.37
京津冀城市群	232.56	0.03	232.56	2.92
辽宁中部城市群	81.95	0.08	81.95	2.80
港口城市地带	4.40	0.04	1.33	0.35

资料来源：姜博（2008）

以省级行政区域为地带组织单位，可将全国港口城市划分为辽宁港口城市地带、河北港口城市地带、天津港口城市地带、山东港口城市地带、江苏港口城市地带、上海港口城市地带、浙江港口城市地带、福建港口城市地带、广东港口城市地带、广西港口城市地带和海南港口城市地带 11 个港口城市地带。与同类地域单元比较（表 6-12）①，辽宁港口城市地带综合实力水平总体上在

---

① 基于我国行政管理制度以及行政区划较强的区域分割效应，以省级行政区域为地带组织单位，将全国港口城市划分为辽宁港口城市地带、河北港口城市地带、天津港口城市地带、山东港口城市地带、江苏港口城市地带、上海港口城市地带、浙江港口城市地带、福建港口城市地带、广东港口城市地带、广西港口城市地带和海南港口城市地带 11 个港口城市地带。以地带整体为研究对象，通过主成分分析考察港口城市地带的综合实力水平。评价指标体系采用表 5-24 的"港口城市综合实力评价指标体系"，基础数据主要来自《中国城市统计年鉴 2009》《中国港口年鉴 2009》《第三次全国港口普查资料汇编》《中国区域经济统计年鉴 2009》。

全国处于中间位次，综合实力显著弱于与其隔海相望的山东港口城市地带，与在上海强大辐射力下发展起来的浙江港口城市地带亦有一定的差距。

表 6-12　我国港口城市地带综合实力及排序

位序	地带	包括城市数/个	综合实力水平
1	广东港口城市地带	14	34.32
2	上海港口城市地带	1	13.52
3	山东港口城市地带	7	6.12
4	浙江港口城市地带	5	1.41
5	辽宁港口城市地带	6	−1.34
6	福建港口城市地带	6	−2.42
7	天津港口城市地带	1	−3.70
8	河北港口城市地带	3	−7.30
9	江苏港口城市地带	2	−11.63
10	广西港口城市地带	3	−14.33
11	海南港口城市地带	2	−14.65

对比综合实力水平较高的广东港口城市地带、山东港口城市地带和浙江港口城市地带，辽宁港口城市地带的这种偏低水平综合实力主要体现在以下两方面：

（1）组成城市综合实力水平低。组成辽宁港口城市地带的六座港口城市中，仅有大连的城市综合实力水平较高，在 50 个港口城市中居第 6 位。营口港虽然港口吞吐量和集装箱吞吐量位居全国港口前列，但营口与丹东、锦州、葫芦岛、盘锦的综合实力水平均低于平均水平，且位次靠后（表 6-13）。

表 6-13　港口城市综合实力水平及排序

位次	港口城市	综合主成分（综合实力水平）	位次	港口城市	综合主成分（综合实力水平）
1	上海	15.49	12	珠海	0.22
2	广州	6.70	13	厦门	0.15
3	天津	5.92	14	潍坊	−0.06
4	深圳	5.74	15	汕头	−0.09
5	青岛	2.60	16	温州	−0.23
6	大连	2.46	17	泉州	−0.27
7	宁波	2.22	18	威海	−0.59
8	烟台	0.83	19	嘉兴	−0.59
9	东莞	0.55	20	台州	−0.63
10	唐山	0.46	21	中山	−0.68
11	福州	0.39	22	东营	−0.74

续表

位次	港口城市	综合主成分 （综合实力水平）	位次	港口城市	综合主成分 （综合实力水平）
23	江门	−0.78	37	漳州	−1.39
24	连云港	−0.78	38	盘锦	−1.61
25	秦皇岛	−0.80	39	莆田	−1.66
26	盐城	−0.81	40	丹东	−1.67
27	营口	−0.90	41	揭阳	−1.78
28	舟山	−0.90	42	葫芦岛	−1.82
29	惠州	−0.98	43	宁德	−1.84
30	日照	−1.01	44	阳江	−1.88
31	沧州	−1.01	45	北海	−1.91
32	湛江	−1.06	46	防城港	−1.93
33	海口	−1.21	47	潮州	−1.93
34	滨州	−1.32	48	钦州	−1.94
35	锦州	−1.33	49	三亚	−2.02
36	茂名	−1.35	50	汕尾	−2.25

（2）组成城市空间组织结构不明确。广东港口城市地带是显著的以广州—深圳为强双核心的集聚式空间布局；上海港口城市地带和浙江港口城市地带是显著的以上海为中心，以宁波为副中心的"一主一副"双核心模式；辽宁港口地带和山东港口城市地带均表现出"一主一副"双核心模式的端倪。但是，作为辽宁港口城市地带主中心的大连和副中心的营口，其城市综合实力同比均偏弱，不足以拉动港口城市地带整体。

但在经过近年较快的发展之后，辽宁港口城市地带仍具有了一定的实力。例如，与其规模构成相当的福建港口城市地带相比，综合实力水平略高，具有一定的综合实力优势。

（三）发展阶段

作为城市群体性地域，港口城市地带虽然表现出一定的整体性和一体化的趋势，但是外向性特征不突出，综合交通网络不够健全，城市之间联系松散、缺乏互动，城市之间的分工与空间组织关系不明确，总体上处于由相对独立的都市区、都市圈组合形式向具有密切联系的、成熟的、一体化发展的带状城市群（大都市带）形式转变。根据城市群体地域演进的阶段特征，港口城市地带处于由初期阶段、中期阶段向成熟阶段转变的城市组群阶段，可视为城市群（大都市带）发展的雏形时期。

从总体上看，东北地区各港口城市在相互竞合过程中虽已具有一定的整合基础，并显示出一体化的发展态势，出现成熟城市群（都市带）特征的端倪。但未来作为一个既具有活力，又具有一体化与系统化运行的，能够有效带动腹地发展的增长极式的发达的、成熟的城市群体，港口城市地带目前还存在诸多不成熟特征。因此，需要对港口城市地带的发展进行合理调控，既可以解决阻碍其一体化发展过程中存在的问题，也可以及时规避其未来发展中可能存在的问题，从而保证港口城市地带的健康演进。

第七章 新时代背景下东北地区港口与港口城市发展机遇

第一节 "一带一路"倡议契机

一、"一带一路"倡议

2013 年 9 月和 10 月,中国国家主席习近平在出访中亚和东南亚国家期间,先后提出共建"丝绸之路经济带"和"21 世纪海上丝绸之路"的重大倡议。2015 年,国家发展和改革委员会、外交部、商务部联合发布的《推动共建丝绸之路经济带和 21 世纪海上丝绸之路的愿景与行动》指出,完善黑龙江对俄铁路通道和区域铁路网,以及黑龙江、吉林、辽宁与俄远东地区陆海联运合作,推进构建北京—莫斯科欧亚高速运输走廊,建设向北开放的重要窗口[①]。"一带一路"倡议成为我国广域区域发展与全球化背景下地缘关系建设的重大战略决策。

二、"一带一路"倡议与港口城市

"一带一路"倡议基于社会主义制度的开放性和公正性,以开放的区域合作来推进区域之间贸易自由化和便利化,是经济全球化发展新的模式与形式。改革开放以来,沿海地区的港口城市一直处于改革开放和我国参与全球化进程的前沿。一方面,港口城市是我国探索对外交往道路的创新试验区,如 1980

---

① 推动共建丝绸之路经济带和 21 世纪海上丝绸之路的愿景与行动[EB/OL]. https://www.yidaiyilu.gov.cn/wcm.files/upload/CMSydylgw/201702/201702070519013.pdf [2019-06-20].

年我国设立了深圳、珠海、汕头和厦门四个经济特区作为对外开放的窗口，开启了我国对外开放之路；1984 年，开放了天津、上海、大连、秦皇岛、烟台、青岛、连云港、南通、宁波、温州、福州、广州、湛江和北海 14 座港口城市，实行经济特区的某些特殊政策，探索了一般城市参与全球化进程的方式方法；1985 年开放了长江三角洲、珠江三角洲地区和闽南厦门、漳州、泉州三角地区，实行沿海港口开放城市的部分政策，进一步确定了沿海对外开放格局，探索了区域参与全球化进程的道路。此后，我国对外开放政策从沿海地区向广大内陆地区及延边地区推进，至 2001 年我国正式加入世界贸易组织，标志着我国开始全面参与经济全球化的进程（陆大道等，2003）。另一方面，港口城市是我国参与经济全球化的窗口与平台。在以大宗远洋贸易为中心的海洋经济时代，拥有优良港口条件的港口城市具有天然的区位优势条件，率先成为我国以制造业为主体的对外贸易平台，港口城市为"中国制造"提供了出口窗口与平台，同时"中国制造"也成就了港口城市的发展与繁荣。在 20 世纪末期及 21 世纪初期，正是由于优良的港口和港口城市支持，成就了我国长江三角洲和珠江三角洲制造业基地。至今，随着经济全球化进程的深入发展，经过多年的积淀与创新，长江三角洲和珠江三角洲又率先由"中国制造"向"中国智造"转型，为中国广大区域经济进一步发展探索了新的模式。

从全球港口体系发展态势来看，港口一体化发展和港口间合作是港口发展的主要趋势。在"一带一路"倡议中，以海上丝绸之路沿线重点港口为节点，沿线各地区共同建设安全高效的运输大通道，其中重要内容之一就是港口一体化发展和港口间的共赢合作。例如，2015 年浙江省港口进行资源整合，通过统一规划、统一建设、统一品牌、统一管理"四个统一"实现了浙江省港口一体化，发挥了"1+1＞2"的整体效应（宁波中国港口博物馆和宁波市文物考古研究所，2018）。"一带一路"倡议涵盖中亚、南亚、西亚、东南亚和中东欧等 65 个国家和地区，涉及人口约 44 亿人，经济总量约 21 万亿美元，其中以交通设施为核心的基础设施的对接与互联互通是"一带一路"建设的优先领域，港口、疏港设施及海洋航线建设是"21 世纪海上丝绸之路"建设的重要环节（郑秉文等，2016）。在"一带一路"建设中，通过与沿线国家和地区港口层面的合作，构建跨区域港口合作体系，港口作为海洋运输及区际一体化物流的衔接点与管理中心，可繁荣国家和地区间商品贸易，而区域贸易与货物流通的一体化又会推动区域之间日益深入的经济合作，从而实现沿线地区的"共商、共建、共赢"。《推动共建丝绸之路经济带和21世纪海上丝绸之路的愿景与行动》指出，海上以重点港口为节点，共同建设通畅安全高效的运输大通道；加强上海、天津、宁波—舟山、广州、深圳、湛江、汕头、青岛、烟台、大连、福州、厦门、泉州、海口、三亚等沿海城市港口建设①，计划港口水利项目投资达1765.92亿元，占"一带一路"倡议总投资额的16.95%，仅次于铁路设施建设投资（郑秉文等，2016）。

三、东北地区港口城市地位及发展机遇与挑战

在"一带一路"倡议中，东北地区涉及的主要港口城市为大连、营口和锦州，是中蒙俄经济走廊参与"一带一路"倡议的重要载体。其中，大连是核心支点城市，营口和锦州是重要中心城市，"一主二副"相应于"一带一路"的中蒙俄经济走廊，助力东北老工业基地的振兴发展。

大连是东北地区四中心城市之一，是东北地区面向太平洋、面向世界的枢纽和门户，区位优势显著，同时大连港口条件优越，基岩海岸漫长，港阔水深不淤不冻，发展大规模港口城市的自然条件优越。在"一带一路"倡议下，作为东北地区的海陆交通枢纽和对外交往门户，大连拥有海陆双向优势。在海向方面，基于多年的东北亚国际航运中心建设历程，大连已与世界上160多个国家和地区、300多个港口建立了经贸航运关系，其中标志现代航运能力的集装箱远洋航运干线达14条，远洋集装箱班轮航线105条，近洋航线52条，基本实现了对全球主要港口的全覆盖，大连港品牌标识"PDA"把大连、东北、中国介绍给世界；另外，内贸航线，大连对我国华南地区、华东地区实现全覆盖，航线密度达600多班/月（郑秉文等，2016）。在陆向方面，19世纪末期，随着

---

① 《推动共建丝绸之路经济带和21世纪海上丝绸之路的愿景与行动》发布[EB/OL].http://zhs.mofcom.gov.cn/article/xxfb/201503/20150300926644.shtml[2020-02-02].

中东铁路的修建,以大连港为枢纽、以疏港铁路为核心的陆向疏港交通通信设施不断完善,大连港形成了大连至沈阳、长春、哈尔滨、延吉、满洲里等 17 条班列线路,腹地范围覆盖东北地区 50 余个内陆站点,班列密度达 70 班/周,2014 年东北地区 90%以上的外贸集装箱均由大连港进出(郑秉文等,2016)。

大连港是东北地区对外开放的窗口,依托直接腹地辽宁省辐射整个东北地区,作为东北国际物流通道,大连港是中国东北地区纳入"一带一路"倡议的核心港口,其发展规划是:融入国家倡议,依托区位优势、服务体系综合优势,创新实施"一环一带一路"。其中,"一环"是指融入京津冀协同发展战略,构建环渤海、面向东北亚的中转服务枢纽;"一带"是指融入丝绸之路东部经济带战略,建设国际海铁联运大通道;"一路"是指融入 21 世纪海上丝绸之路,打造"辽海欧"海运物流通道(郑秉文等,2016)。大连港在"一带一路"倡议下的大力建设与发展,无疑会为其所依托城市大连带来巨大的历史发展机遇,将极大地提升大连在东北地区乃至东北亚地区的区域地位与综合实力。

同时,大连港和大连在历史契机下的进一步发展也面临着一些挑战。第一,港口和港口城市的发展与经济腹地关系密切,甚至腹地经济往往决定港口及港口城市的兴衰演替。进入 21 世纪以来,东北地区区域经济的发展同比东部沿海地区持续陷于衰退,经济转型发展亦长期面临困境,难以实现振兴,同时腹地经济的不景气,极大地限制了依托"港口—腹地"关系而生的大连、营口等港口城市的发展活力。第二,港口之间竞争激烈。随着辽宁沿海经济带的开发与建设,营口港、丹东港、锦州港等获得大力建设,港口规模迅速扩大、港航设施及疏港设施不断完善、港口集疏运管理现代化,极大地分流了大连港的货源。例如,营口港凭借与沈阳及辽宁中部城市群的空间优势,打造了"沈阳—营口"物流通道,定位为沈阳市的海洋门户,与沈阳形成新的区域发展"双核"结构,与大连对辽宁中部城市群的腹地关系形成激烈的竞争。第三,体制机制的束缚影响了港口的运行效率与活力,东北地区整体经济社会发展体制机制普遍落后,港口发展受大环境影响,同比东部沿海地区港口服务水平低下。例如,港口口岸通关能力尤其是通关效率低,口岸部门协同配合度不够影响了货物的顺畅进出。

第二节　东北老工业基地再振兴需求

一、东北老工业基地振兴政策历程

20世纪90年代以前，作为我国经济相对发达的地区，东北地区是我国重要的工业基地，其城市化水平、工业化水平和经济活力一直位居全国区域发展前列，为中华人民共和国的发展做出了重大的贡献。但是，随着经济全球化进程的日益深入、资源的枯竭、产业结构的落后等，东北区域经济的发展开始衰退，同比东部地区经济发展严重缺少活力。为此，2003～2018年，国家针对东北振兴的系列政策相继出台，其中蕴含了国家对东北地区可持续发展的精心安排，是东北区域发展战略性构想的实施。

2003年，国务院政府工作报告指出采取有力措施，支持东北地区等老工业基地加快调整和改造[1]，同年，《中共中央、国务院关于实施东北地区等老工业基地振兴战略的若干意见》（中发〔2003〕11号）明确了振兴东北地区等老工业基地的指导思想和原则及政策措施，开启了东北老工业基地振兴之路。

2004年，国务院办公厅关于印发《2004年振兴东北地区等老工业基地工作要点》的通知（国办发〔2004〕39号）指出，实施东北地区等老工业基地振兴战略，是党中央从全面建设小康社会全局考虑做出的重大战略决策；要突出体制机制创新，着力深化国有资产管理体制和国有企业改革，推动经济结构调整和技术进步；加快基础设施建设，扩大对内对外开放；抓好就业和社会保障体系建设，大力发展科技教育文化事业，促进经济社会全面、协调、可持续发展[2]。

2005年，《国务院办公厅关于促进东北老工业基地进一步扩大对外开放的

---

① 2003年政府工作报告[EB/OL]. http://www.gov.cn/premier/2006-02/16/content_201173.htm[2019-06-20].

② 国务院办公厅关于印发2004年振兴东北地区等老工业基地工作要点的通知（国办发〔2004〕39号）[EB/OL]. http://www.gov.cn/zhengce/content/2008-03/28/content_2058.htm[2019-06-20].

实施意见》（国办发〔2005〕36 号）指出，进一步扩大对外开放是实施东北地区等老工业基地振兴战略的重要组成部分，也是实现老工业基地振兴的重要途径[①]。同年，国务院召开东北地区资源型城市可持续发展座谈会，会议首先传达了中共中央政治局常委、国务院总理温家宝的批示。温家宝指出，解决资源枯竭城市存在的贫困、失业和环境问题，是落实科学发展观、构建和谐社会、实现小康目标的一项重要而不可忽视的任务[②]。

2006 年，《中华人民共和国国民经济和社会发展第十一个五年规划纲要》指出，东北地区要加快产业结构调整和国有企业改革改组改造，在改革开放中实现振兴[③]。

2007 年，《国务院关于东北地区振兴规划的批复》（国函〔2007〕76 号）指出，坚持以改革开放和自主创新为动力，加快推进经济结构调整和增长方式转变，加强资源节约和环境保护，着力改善民生，促进社会和谐，努力将东北地区建设成为综合经济发展水平较高的重要经济增长区域，具有国际竞争力的装备制造业基地，国家新型原材料和能源保障基地，国家重要的商品粮和农牧业生产基地，国家重要的技术研发与创新基地，国家生态安全的重要保障区，实现东北地区经济社会又好又快发展[④]。

2009 年，《国务院关于进一步实施东北地区等老工业基地振兴战略的若干意见》（国发〔2009〕33 号）提出，优化经济结构，建立现代产业体系；加快企业技术进步，全面提升自主创新能力；加快发展现代农业，巩固农业基础地位；加强基础设施建设，为全面振兴创造条件；积极推进资源型城市转型，促进可持续发展；切实保护好生态环境，大力发展绿色经济；着力解决民生问题，加快推进社会事业发展；深化省区协作，推动区域经济一体化发展；继续深化

① 国务院办公厅关于促进东北老工业基地进一步扩大对外开放的实施意见（国办发〔2005〕36 号）[EB/OL]. http：//www.gov.cn/zhengce/content/2008-03/28/content_1364.htm[2019-06-20].

② 国务院座谈会讨论东北资源型城市可持续发展[EB/OL]. http：//www.gov.cn/jrzg/2005/08/12/content_21579.htm[2019-06-20].

③ 中华人民共和国国民经济和社会发展第十一个五年规划纲要[EB/OL]. http：//www.npc.gov.cn/wxzl/gongbao/2006-03/18/content_5347869.htm[2020-02-02].

④ 国务院关于东北地区振兴规划的批复（国函〔2007〕76 号）[EB/OL]. http：//www.gov.cn/zwgk/2007-08/07/content_708474.htm[2019-06-20].

改革开放，增强经济社会发展活力[①]。

2012 年，《国务院关于东北振兴"十二五"规划的批复》（国函〔2012〕17 号）指出，着力破解制约东北振兴的体制性、机制性、结构性矛盾，推动体制机制不断创新；着力加快东北老工业基地调整改造，推动经济转型取得更大进展；着力增强科技创新能力，推动区域发展质量和效益进一步提升；着力保障和改善民生，推动文化和社会事业全面进步；着力加强生态建设和环境保护，推动生态文明水平显著提高[②]。

2014 年，《国务院关于近期支持东北振兴若干重大政策举措的意见》（国发〔2014〕28 号）指出，着力激发市场活力；进一步深化国有企业改革；紧紧依靠创新驱动发展；全面提升产业竞争力；增强农业可持续发展能力；推动城市转型发展；加快推进重大基础设施建设；切实保障和改善民生；加强生态环境保护；全方位扩大开放合作；强化政策保障和组织实施[③]。

2015 年，《发展改革委 科技部 人力资源社会保障部 中科院关于促进东北老工业基地创新创业发展打造竞争新优势的实施意见》（发改振兴〔2015〕1488 号）从七个方面提出 26 条措施促进东北老工业基地创新创业发展[④]。

2016 年，《中共中央 国务院关于全面振兴东北地区等老工业基地的若干意见》指出，做好与"一带一路"建设、京津冀协同发展、长江经济带发展"三大战略"互动衔接，以提高经济发展质量和效益为中心，保持战略定力，增强发展自信，坚持变中求新、变中求进、变中突破，着力完善体制机制，着力推进结构调整，着力鼓励创新创业，着力保障和改善民生，加大供给侧结构性改

① 国务院关于进一步实施东北地区等老工业基地振兴战略的若干意见（国发〔2009〕33 号）[EB/OL]. http://www.gov.cn/zhengce/content/2009-09/11/content_3675.htm[2019-06-20].
② 国务院关于东北振兴"十二五"规划的批复（国函〔2012〕17 号）[EB/OL]. http://www.gov.cn/zhengce/content/2012-03/21/content_1240.htm[2019-06-20].
③ 国务院关于近期支持东北振兴若干重大政策举措的意见（国发〔2014〕28 号）[EB/OL]. http://www.gov.cn/zhengce/content/2014-08/19/content_8996.htm[2019-06-20].
④ 发展改革委 科技部 人力资源社会保障部 中科院关于促进东北老工业基地创新创业发展打造竞争新优势的实施意见（发改振兴〔2015〕1488 号）[EB/OL]. http://www.gov.cn/gongbao/content/2015/content_2937330.htm[2019-06-20].

革力度，解决突出矛盾和问题，不断提升东北老工业基地的发展活力、内生动力和整体竞争力①。

2018 年，习近平在东北三省考察并主持召开深入推进东北振兴座谈会，习近平就深入推进东北振兴提出六个方面的要求。一是以优化营商环境为基础，全面深化改革；二是以培育壮大新动能为重点，激发创新驱动内生动力；三是科学统筹精准施策，构建协调发展新格局；四是更好支持生态建设和粮食生产，巩固提升绿色发展优势；五是深度融入共建"一带一路"，建设开放合作高地；六是更加关注补齐民生领域短板，让人民群众共享东北振兴成果②。

二、港口城市地位与机遇

在响应与落实东北地区一系列振兴战略与政策措施的过程中，港口与港口城市既是东北振兴战略的实施内容，也从政策环境中获得了发展机遇。

（一）区域发展背景环境

21 世纪前 20 年是我国国民经济和社会发展快速演进与转型的时期，产业结构和产品结构在经济增长的过程中不断优化升级，区域经济发展趋于协调，城市化进程加快，城市群成为主导区域经济发展的核心。在区域产业发展中，工业发展按照新型工业化道路，传统国有企业转变经营机制；传统产业升级转型发展高新技术；产业发展充分利用国际国内两种资源两个市场，拓展发展空间；产业运行转变增长方式，节能降耗发展低碳经济。其中，能源工业以大型企业集团为主体，对有限的能源资源进行科学、合理、有效地开采利用；装备制造业以国家重点建设工程为依托，提升传统产业产品档次与技术水平；原材料工业转变低水平扩展与粗放经营方式，围绕重点行业建设制造业基地形成产业一体化；高技术产业走向产业化和国际化，不断提升产品技术水平和国际竞

---

① 中共中央 国务院关于全面振兴东北地区等老工业基地的若干意见[EB/OL]. http：//www.gov.cn/zhengce/
 2016-04/26/content_5068242.htm[2019-06-20].

② 习近平在东北三省考察并主持召开深入推进东北振兴座谈会[EB/OL]. http：//www.gov.cn/xinwen/2018-09/
 28/content_5326563.htm[2019-06-20].

争力。由此，在经济全球化背景下，区域的发展将积极应对和消除贸易壁垒，进出口贸易将进一步加大。这将为东北地区利用国际资本、国际资源、国际市场，参与国际竞争与合作，拓展发展空间，加速融入世界经济，以高新技术为引领，改造提升传统产业，发展高新技术产业，实现跨越式发展提供基础。

东北地区在长期的计划经济条件下，形成了不能适应新形势、缺乏灵活性的传统管理体制和经营机制，市场经济改革相对迟缓和滞后，从而制约了东北地区的进一步发展，使东北老工业基地的经济地位明显下降。东北地区等老工业基地振兴战略提出之后，国际资本、国内资本出现向东北地区转移的明显趋势，一系列重要产业及其管理机构开始向大城市和优势区位转移，如以沈阳、大连为核心的都市经济区和哈大产业集聚区逐渐形成。

交通运输是东北地区振兴发展的基础条件之一，具有先导作用。东北老工业基地的振兴必将带动东北地区内外客货运量的增长，特别是货运量的增长。东北地区产业构成以重化工业和大宗基地农业为主，大规模的能源和原材料的供应及产品的输出依赖于铁路、港口的货运支持。同时，交通运输又是促进东北亚经济合作协调发展的重要桥梁。东北地区地处东北亚经济中心腹地，与东北亚地区的连通主要通过三条线路，一是俄罗斯远东南部以符拉迪沃斯托克（海参崴）为主的港口群向北经乌苏里斯克进入绥芬河口岸，沿滨州滨绥一线经亚欧大陆桥通往俄罗斯和欧洲地区；二是自俄罗斯远东的扎鲁比诺港、波谢特港和朝鲜的北方三港向西达珲春—图们江地区，经长春—图们线、长春—白城线达中蒙边境，是蒙古国和东北地区由俄罗斯和朝鲜港口经日本海的陆海联运通道；三是由东北地区"T"字形铁路干线和以大连港为中心的沿海港口群所组成的面向太平洋的陆海联运通道，其也是东北地区交通运输的主要通道。

（二）东北振兴战略下的港口与港口城市发展

在东北振兴战略背景下，东北地区沿海港口建设以大连港为中心，把大连港建设成为北方枢纽港、集装箱干线港，以满足石油、矿石、集装箱等大宗进出口商品接运为重点，发展大型化、专业化码头，建设大连东北亚国际航运中心，通过港口布局调整和资源整合，形成各港口分工合作、优势互补的港口集群。相应地，铁路建设开辟新的跨区域通道，拓展港口腹地，同时建设疏港铁路系统，确保与港口建设同步发展。同时，整合各种交通运输方式，建设交通信息系统，提升交通运输信息化水平，从而提升综合交通服务效率和质量，如交通电子政务、智能运输和物流系统、联网收费系统、安全监控系统、公共信息服务系统等。

2003 年，《中共中央、国务院关于实施东北地区等老工业基地振兴战略的若干意见》（中发〔2003〕11 号）提出，充分利用东北地区现有港口条件和优势，把大连建成东北亚重要的国际航运中心①。大连地处东北亚经济区、环渤海经济圈与环黄海经济圈的交汇地带，是东北地区最大的出海口，拥有独特的区位和口岸优势。大连港接近国际海上运输主航道，深水资源等建港条件十分优越，是环渤海地区和辽东半岛沿岸地区通往世界的优越出海口，承担了东北地区大部分的海运货物吞吐和外贸集装箱运输。大连东北亚国际航运中心建设要求集聚东北沿海港口群优势，建设以腹地型与中转型相结合的复合型国际航运中心，形成以大连为中心，营口、锦州、丹东为两翼，葫芦岛、盘锦等为补充的港口格局，促进港口航运与公路、铁路、仓储等物流相衔接，营造良好的口岸硬环境和软环境，使大连成为腹地优先选择的通关出海通道。主要措施包括：一是完成以大型专业化码头、深水航道、物流分拨中心为代表的港口集疏运体系建设，建设符合国际惯例、与航运相关的城市社会和城市功能，使大连成为黄渤海的干线港和主枢纽港；二是加强国际物流集散功能、产业承接转移功能、城市综合服务功能等，将大连建设成为国际集装箱主枢纽港。由此，一方面，大连作为港口城市的门户职能特征和区域地位得到进一步强化；另一方面，围绕港口建设和港口集疏运网络建设，大连交通基础设施得以大规模丰富与升级，城市发展的基础条件优化，同时大规模的物流集散又为城市综合实力的提升提供了支撑。

---

① 中共中央、国务院关于实施东北地区等老工业基地振兴战略的若干意见[EB/OL]. http://www.chinalawedu.com/falvfagui/fg22016/873.shtml[2019-06-20].

参考文献

白光润, 2009. 应用区位论[M]. 北京: 科学出版社.

贝里, 帕尔, 2006. 商业中心与零售业布局[M]. 王德等, 译. 上海: 同济大学出版社.

贝塔朗菲, 1987. 一般系统论: 基础、发展和应用[M]. 林康义, 魏宏森等, 译. 北京: 清华大学出版社.

曹有挥, 1995. 安徽省长江沿岸港口体系的初步研究[J]. 地理科学, 15 (2): 154-162, 200.

曹有挥, 1999. 长江沿岸港口体系空间结构研究[J]. 地理学报, 54 (3): 233-240.

曹有挥, 李海建, 陈雯, 2004. 中国集装箱港口体系的空间结构与竞争格局[J]. 地理学报, 59 (6): 1020-1027.

陈航, 栾维新, 王跃伟, 2007. 港城关系理论探讨的新视角[J]. 特区经济, (12): 283-284.

陈洪波, 2010. 科学发展观与现代化港口城市建设[M]. 北京: 经济科学出版社.

陈为忠, 2007. 近代的海港城市与山东区域发展——以港口 (城市) —腹地互动为视角[J]. 郑州大学学报 (哲学社会科学版), (2): 7-9.

陈晓颖, 鲁小波, 2010. 新背景下基于 SWOT 的大连建设东北亚航运中心研究[J]. 环渤海经济瞭望, (10): 8-11.

陈勇, 2007. 从鹿特丹港的发展看世界港口发展的新趋势[J]. 国际城市规划, 22 (1): 58-62.

陈月英, 王永兴, 王翠平, 2017. 世界海运经济地理 (第二版) [M]. 北京: 科学出版社.

戴鞍钢, 2004. 港口·城市·腹地——上海与长江流域经济关系的历史考察[J]. 中国城市经济, (1): 48-51.

丁薇, 程永军, 2008. 浅谈港口在辽宁区域经济一体化中的作用——以营口港为例[J]. 中国工程咨询, (2): 19-22.

董洁霜, 范炳全, 2006. 国外港口区位相关研究理论回顾与评价[J]. 城市规划, 30 (2): 83-88.

杜能, 1986. 孤立国同农业和国民经济的关系[M]. 北京: 商务印书馆.

杜其东, 陶其钧, 汪诚彪, 1996. 国际经济中心城市港口比较专题系列研究之一: 港口与城市关系研究[J]. 水运管理，（1）：5-10.

方创琳，2009. 城市群空间范围识别标准的研究进展与基本判断[J]. 城市规划学刊，（4）：1-6.

方创琳，2014. 中国城市群研究取得的重要进展与未来发展方向[J]. 地理学报，69（8）：1130-1144.

复旦大学历史地理研究中心，2005. 港口—腹地和中国现代化进程[M]. 济南：齐鲁书社.

高宗祺，昌敦虎，叶文虎，2009. 港口城市发展战略初步研究——兼评"港兴城兴，港衰城衰"的发展思想[J]. 中国人口·资源与环境，19（2）：127-131.

顾朝林，等，1999. 中国城市地理[M]. 北京：商务印书馆.

韩增林，栾维新，2001. 区域海洋经济地理理论与实践[M]. 大连：辽宁师范大学出版社.

黑龙江省地方志编纂委员会，1997. 黑龙江省志·交通志[M]. 哈尔滨：黑龙江人民出版社.

侯长纯，郑承龙，1988. 黑龙江航运史[M]. 北京：人民交通出版社.

胡序威，杨冠雄，1990. 中国沿海港口城市[M]. 北京：科学出版社.

黄盛璋，1951. 中国港市之发展[J]. 地理学报，18（1，2）：21-40.

惠凯，2004. 论港口城市的发展[J]. 中国港口，（11）：11-13.

霍尔，2008. 城市和区域规划[M]. 邹德慈，李浩，陈燈莎，译. 北京：中国建筑工业出版社.

吉林省地方志编纂委员会，2003. 吉林省志 卷二十六 交通志·公路·水运·民航[M]. 长春：吉林人民出版社.

纪敏，2008. 营口港错位发展成就散杂货和内贸集装箱优势[J]. 中国港口，（8）：46.

姜博，2008. 辽宁中部城市群空间联系研究[D]. 长春：东北师范大学博士学位论文.

金银云，孙霄峰，2003. 世界港口管理评述与我国港口改革[J]. 辽宁交通科技，（1）：57-60.

靳景玉，谭德庆，2008. 城市由竞争到联盟变迁的多维博弈分析[J]. 系统工程，26（12）：87-90.

科研成果汇编组，1985. 现代海港城市规划[M]. 哈尔滨：黑龙江人民出版社.

克里斯塔勒，2010. 德国南部中心地原理[M]. 常正文，王兴中等，译. 北京：商务印书馆.

郎宇，黎鹏，2005. 论港口与腹地经济一体化的几个理论问题[J]. 经济地理，25（6）：7，767-770.

勒施，2010. 经济空间秩序[M]. 王守礼，译. 北京：商务印书馆.

李廉水，Stough R R，等，2006. 都市圈发展——理论演化·国际经验·中国特色[M]. 北京：科学出版社.

李王鸣，2000. 港口城市国际研究主题的分析[J]. 经济地理，20（2）：14-17.

李小建，1999. 经济地理学[M]. 北京：高等教育出版社.

梁双波，曹有挥，吴威，等，2007. 全球化背景下的南京港城关系关联发展效应分析[J]. 地理研究，26（3）：599-608.

梁喜新，等，1993. 辽宁海岸带开发概论[M]. 北京：海洋出版社.

辽宁省地方志编纂委员会办公室，1999. 辽宁省志 公路水运志[M]. 沈阳：辽宁人民出版社.

刘秉镰，2002. 港城关系机理分析[J]. 港口经济，（3）：12-14.

刘继生，陈彦光，2000. 分形城市引力模型的一般形式和应用方法——关于城市体系空间作用的引力理论探讨[J]. 地理科学，20（6）：528-533.

刘青，2008. 港城关系视野下的湖州港发展[J]. 特区经济，（1）：49-50.

刘冉，董玛力，宋涛，2008. 新加坡"港-城"关系转型的经验借鉴[J]. 世界地理研究，17（4）：71-78.

刘荣增，2003. 城镇密集区发展演化机制与整合[M]. 北京：经济科学出版社.

陆大道，等，2003. 中国区域发展的理论与实践[M]. 北京：科学出版社.

陆玉麒，1998. 区域发展中的空间结构研究[M]. 南京：南京师范大学出版社.

梅冠群，2012. 世界港口发展模式、演进方向与经验借鉴[J]. 中国流通经济，（12）：69-75.

莫辉辉，金凤君，刘毅，等，2010. 机场体系中心性的网络分析方法与实证[J]. 地理科学，30（2）：204-212.

倪鹏飞，2014. 中国城市竞争力报告 No.12——沪苏浙皖：一个世界超级经济区已经浮现[M]. 北京：中国社会科学出版社.

倪鹏飞，2015. 中国城市竞争力报告 No.13——巨手：托起城市中国新版图[M]. 北京：中国社会科学出版社.

倪鹏飞，2016. 中国城市竞争力报告 No.14——新引擎：多中心群网化城市体系[M]. 北京：中国社会科学出版社.

倪鹏飞，2017. 中国城市竞争力报告 No.15——房价体系：中国转型升级的杠杆与陷阱[M]. 北京：中国社会科学出版社.

倪鹏飞，2018. 中国城市竞争力报告 No.16——40 年：城市星火已燎原[M]. 北京：中国社会科学出版社.

宁波中国港口博物馆，宁波市文物考古研究所，2018. 历史视野下的港城互动：首届"港通天下"国际港口文化论坛文集[M]. 北京：科学出版社.

潘竟虎，石培基，董晓峰，2008. 中国地级以上城市腹地的测度分析[J]. 地理学报，63（6）：636-645.

秦玉瑞，1988. 黑龙江航运史[M]. 北京：人民交通出版社.

曲晓范，2001. 近代东北城市的历史变迁[M]. 长春：东北师范大学出版社.

沈道齐，崔功豪，1990. 中国城市地理学近期进展[J]. 地理学报，45（2）：163-171.

松浦章，冯佐哲，1989. 清代盛京海港锦州及其腹地[J]. 锦州师院学报（哲学社会科学版），（2）：71-76，82.

宋炳良，2000. 论福特主义经济体系的演变与港口城市再造[J]. 外国经济与管理，（7）：44-49.

宋炳良，2003. 港口城市发展的动态研究[M]. 大连：大连海事大学出版社.

孙斌栋，胥建华，冯卓琛，2008. 辽宁省城市中心性研究与城市发展[J]. 人文地理，（2）：77-81.

王国文，2003. 全球物流发展趋势与港口功能转变——深圳案例经验分析[J]. 港口经济，（2）：45-47.

王海平，刘秉镰，2000. 现代化港口城市的内涵与特征——兼论港口经济[J]. 港口经济，（1）：9-13.

王缉宪，2010. 中国港口城市的互动与发展[M]. 南京：东南大学出版社.

王茂军，2009. 中国沿海典型省份城市体系演化过程分析——以山东为例[M]. 北京：科学出版社.

王茂军，张学霞，齐元静，2005. 近50年来山东城市体系的演化过程——基于城市中心性的分析[J]. 地理研究，24（3）：432-442.

王士君，2009. 城市相互作用与整合发展[M]. 北京：商务印书馆.

王士君，宋飏，2006. 中国东北地区城市地理基本框架[J]. 地理学报，61（6）：574-584.

王士君，宋飏，姜丽丽，等，2014. 中国东北地区城市地理[M]. 北京：科学出版社.

王士君，王丹，宋飏，2008. 东北老工业基地城市群组结构和功能优化的初步研究[J]. 地理科学，28（1）：15-21.

王淑琴，等，1992. 东北区港口货流与布局研究[M]. 大连：大连理工大学出版社.

王旭，2006. 美国城市发展模式：从城市化到大都市区化[M]. 北京：清华大学出版社.

王旭，2008. 城市地域扩大，政府规模变小——20世纪美国城市和区域发展基本走向[J]. 求是学刊，（1）：127-132.

王玉清，朱文晖，张玉斌，2004. 从竞合角度看两大三角洲的区域经济整合[J]. 经济理论与经济管理，（4）：64-68.

韦伯，1997. 工业区位论[M]. 李刚剑，陈志人，张英保，译. 北京：商务印书馆.

魏宏森，宋永华，等，1991. 开创复杂性研究的新科学——系统科学纵览[M]. 成都：四川教育出版社.

翁清光，陈培健，2009. 国内外港口经济腹地研究述评[J]. 水运管理，31（1）：21-25.

吴传钧，等，1997. 现代经济地理学[M]. 南京：江苏教育出版社.

吴传钧，高小真，1989. 海港城市的成长模式[J]. 地理研究，8（4）：9-15.

吴淑，2014. 世界港口发展趋势及我国港口转型升级的应对措施[J]. 水运管理，36（8）：12-14.

吴松弟，2006. 中国百年经济拼图：港口城市及其腹地与中国现代化[M]. 济南：山东画报出版社.

吴郁文，彭德循，1995. 广州港——广州国际大都市建设的加速器[J]. 经济地理，（1）：85-92.

吴运杰，2017. 辽宁港口发展研究[M]. 沈阳：辽宁人民出版社.

肖青，1999. 港口规划[M]. 大连：大连海事大学出版社.

谢燮，2010. 我国港口空间格局演化的成因及趋势分析[J]. 中国港口，（2）：11-14.

徐惠蓉，1990. 试论港口、港口城市和腹地经济之间的联系问题[J]. 南方经济，（4）：20-23.

徐建华，2002. 现代地理学中的数学方法[M]. 北京：高等教育出版社.

徐旭，曹小曙，闫小培，2007. 不同指标下的穗港城市走廊潜在通达性及其空间格局[J]. 地理研究，26（1）：179-186.

徐永健，闫小培，2000. 城市滨水区旅游开发初探——北美的成功经验及其启示[J]. 经济地理，20（1）：99-102.

许继琴，1997. 港口城市成长的理论与实证探讨[J]. 地域研究与开发，（4）：11-14.

许开瑞，1997. 现代化港口城市的建设与发展——兼论跨世纪莆田市的崛起[M]. 北京：人民出版社.

许学强，周一星，宁越敏，2009. 城市地理学（第二版）[M]. 北京：高等教育出版社.

薛丽芳，欧向军，谭海樵，2009. 基于熵值法的淮海经济区城市中心性评价[J]. 地理与地理信息科学，25（3）：63-66.

阎兆万，刘庆林，马卫刚，等，2008. 多区港联动——基于开放的区域发展新模式研究[M]. 济南：山东人民出版社.

杨华雄，2000. 论港口与城市的协调发展[J]. 中国港口，（6）：9-11.

杨金森，梁喜新，黄明鲁，1990. 中国海洋开发战略[M]. 武汉：华中理工大学出版社.

杨伟，宗跃光，2008. 现代化港口城市港城关系的建设——以江苏省南通市为例[J]. 经济地理，28（2）：209-213.

杨吾扬，梁进社，1997. 高等经济地理学[M]. 北京：北京大学出版社.

姚士谋，陈振光，朱英明，等，2006. 中国城市群[M]. 合肥：中国科学技术大学出版社.

姚士谋，汤茂林，陈爽，等，2004. 区域与城市发展论[M]. 合肥：中国科学技术大学出版社.

姚士谋，周春山，王德，等，2016. 中国城市群新论[M]. 北京：科学出版社.

易志云，2004. 环渤海港口城市群功能结构及天津发展定位[J]. 天津师范大学学报（社会科学版），（4）：15-19.

殷惠，2006. 张家港港城关系探析[J]. 中国港口，（5）：44-46.

殷文伟，牟敦果，2011. 宁波—舟山港腹地分析及对发展港口经济的意义[J]. 经济地理，31（3）：447-452.

于少强，2017. 竞争与协作态势的港口企业定价机制研究[M]. 北京：人民交通出版社股份有限公司.

张宝国，2008. 东北地区振兴规划研究·重大问题研究卷[M]. 北京：中国标准出版社.

赵金涛，2001. 现代化港口城市的指标体系[J]. 城市规划汇刊，（2）：69-70，80.

郑秉文，李文，刘铭赜，2016. "一带一路"建设中的港口与港口城市[M]. 北京：中国社会科学出版社.

郑弘毅，1991. 港口城市探索[M]. 南京：河海大学出版社.

中华人民共和国交通运输部，2010. 第三次全国港口普查资料汇编[M]. 北京：中国经济出版社.

钟昌标，陈钧浩，2008. 海港城市、国际贸易与现代化[M]. 北京：经济科学出版社.

周一星，1995. 城市地理学[M]. 北京：商务印书馆.

周一星，杨家文，2001. 九十年代我国区际货流联系的变动趋势[J]. 中国软科学，（6）：85-89.

周一星，张莉，2001. 中国大陆口岸城市外向型腹地研究[J]. 地理科学，21（6）：482-487.

周一星，张莉，武悦，2001. 城市中心性与我国城市中心性的等级体系[J]. 地域研究与开发，20（4）：1-5.

庄佩君，汪宇明，2010. 港-城界面的演变及其空间机理[J]. 地理研究，29（6）：1105-1116.

寺谷亮司，2002. 都市の形成階層分化——新措地北海道·アフリカの都市システム[M]. 東京：古今書院.

Bird J H，1968. Seaport Gateways of Australia[M]. London：Oxford University Press.

Bird J H，1971. Seaport and Seaport Terminal[M]. London：Hutchinson.

Bird J H，1973. Of central place，cities and seaports[J]. Geography，58（2）：105-118.

Bird J H，1977. Centrality and Cities[M]. London：Routledge & Kegan Paul.

Bruttomessor R，1993. Waterfront：a new frontier for cities on water[R]. Venice：Venice International Centre Cities on Waterfront.

Charlier J，1992. The Regeneration of Old Port Areas for New Port Uses[M]//Hoyle B，Pinder D，European Port Cities in Transition. London：Belhaven Press：137-153.

Ducruet C，Lee S W，2006. Frontline soldiers of globalization：port-city evolution and regional competition[J]. GeoJournal, 67（2）: 107-122.

Freeman L C, 1978. Centrality in social networks: conceptual clarification[J]. Social Networks, 1（3）: 215-239.

Gleave M B, 1997. Port activities and the spatial structure of cities: the case of Freetown, Sierra Leone[J]. Journal of Transport Geography, 5（4）: 257-275.

Gordon D, 1997. Managing the changing political environment in urban waterfront redevelopment[J]. Urban Studies, 34（1）: 61-83.

Hall P, 1991. Waterfronts: A New Urban Frontier（working paper No.538）[M]//Berkeley C A, Institute of Urban and Regional Development, University of California: 1-2.

Hayuth Y, 1988. Rationalization and deconcentration of the U. S. container port system[J]. The Professional Geographer, 40（3）: 279-288.

Hayuth Y, 2007. Globalisation and the Port-urban Interface: Conflicts and Opportunities[M]// Wang J, et al. Ports, Cities, and Global Supply Chains. Aldershot: Ashgate: 141-156.

Hilling D, Hoyle B S, 1984. Spatial Approaches to Port Development[M]// Hoyle B S, Hilling D. Seaport Systems and Spatial Change: Technology, Industry, and the Development Strategies. Chichester Sussex: John Wiley & Sons: 1-22.

Hoover E M, 1948. The Location of Economic Activity[M]. New York: McGraw-Hill.

Hoyle B S, 2000. Global and local change on the port-city waterfront[J]. Geographical Review, 90（3）: 395-417.

Hoyle B S, Pinder D A, Husain M S, 1988. Revitalising the Waterfront: International Dimension of Dockland Redevelopment[M]. London and New York: Belhaven Press.

Kenyon J B, 1970. Elements in inter-port competition in the United States[J]. Economic Geography, 46（1）: 1-24.

Mayer H M, 1957. The port of Chicago and the St. Lawrence seaway[A]//Development of Geography Research Papers（No.49）. Chicago: University of Chicago: 30-34.

Mayer H M, 1978. Current trends in great lakes shipping[J]. GeoJournal, 2（2）: 117-122.

Mayer H M, 1999. City and Port: Urban Planning as a Cultural Venture in London, Barcelona, New York and Rotterdam: Changing Relations between Public Urban Space and Large-scale Infrastructure[M]. Ultrecht, Netherlands: International Books.

Miguet A P, 1993. Sustainable Development between City and port, the Santander Example, City and Port, Partners for the Environment[M]. Algeciras: Edition AIVP.

Morgan F W, 1958. Ports and Harbors[M]. London: Hutchison.

Patton D J, 1958. General cargo hinterland of New York, Philadelphia, Baltimore and New Orleans[Z]. Annals of the AAG, 21-24.

Pinder D, 1981. Community attitude as a limiting factor in port growth: the case of Rotterdam [M]// Hoyle B S, et al. City port Industrialization and Regional Development: Spatial Analysis and Planning Strategies. Oxford: Pergamon Press: 181-199.

Pinder D, Hoyle B S, Husan S, 1998. Retreat, Redundancy and Revitalization: Forces, Trends and a Research Agenda, Revitalising the Waferfront[M]. London: Belhaven Press.

Porter M, 1990. The Competitive Advantage of Nations[M]. New York: The Free Press.

Rimmer P J, 1967. The search for spatial regularities in the development of Australian seaports, 1861-1961/2[J]. Geografiska Annaler, 49 (1): 42-54.

Slack B, 1990. Intermodal transportation in North America and the development of inland load centers[J]. Professional Geographier, 42 (1): 72-83.

Suzuki T, 2003. Economic and geographic backgrounds of land reclamation in Japanese ports[J]. Marine Pollution Bulletion, 47: 226-229.

Taaffe E J, Gould M P R, 1963. Transport expansion in underdeveloped countries: a comparative analysis[J]. Geographical Review, 53 (4): 503-529.

Tunbridge J, Ashworth G, 1992.Leisure Resource Development in Cityport Revitalisation: The Tourist-historic Dimension[M]//Hoyle B S, Pinder D A. European Port Cities in Transition. London: Belhaven Press: 177-199.

Vallega A, 1979. Fonctions portuaires et polarisations littorales dans la nouvelle régionalisation de la Méditerranée, quelques réflexions[Z]. The 2nd French-Japanese Geographical Colloquium, Tokyo: 44-48.

Vance J E, 1970. The Merchant's Word: The Geography of Wholesaling[M]. Upper Saddle River: Prentice Hall.

Welgend G G, 1958. Some elements in the study of port geography[J]. Geographical Review, 48 (2): 185-200.